イノベーションのための
超・直感力

津田真吾　津嶋辰郎

ハーパーコリンズ・ジャパン

はじめに

「我が社にはイノベーションが必要だ」

「日本にはもっとイノベーションが必要だ」

そんな声を、みなさんも耳にしたことがあるのではないだろうか。

イノベーションとは、新しい技術や製品が、その価値を認められ、世の中にもたらされることを指す。「技術革新」と訳されることがあるが、技術は一要素でしかない。筆者は2人とも技術者出身なので、技術が一要素でしかないことは認めたくはないが、残念ながら認めざるを得ない。

年間12億台以上が出荷され、いまや全人口の約9割が所有するほど普及したスマートフォンは、典型的なイノベーションの事例である。イノベーションや技術革新について考えてみるまでもなく、スマートフォン普及の影響によって、ネットショッピングから電子マネー、音楽・動画のストリーミングサービスにカメラ機能まで、さまざまな業界に影響が及ぶ激動の時代を、私たちは当事者として目の当たりにしている。

一般に、イノベーションへの期待は3つの目的から語られるケースが多い。

①**経済成長**：新しい価値の創造によって、著しく経済が成長する。国や社会が大きく発展するのは、通常の営みを超えた価値を生み出すようなイノベーションが原動力となっている。産業革命やインターネットが登場したことによって巨大な産業がいくつも生まれ、大きな富を生んだ。

②**科学技術の発展**：研究機関や大学ではさまざまな研究が行われている。その結果得られる新たな知識や科学技術的な発見や発明を有効に利用したいと考えることは自然である。

③**生活の向上**：私たちの生活を支えるインフラは、過去に生まれたイノベーションである。生活基盤となっている道路、鉄道、上下水道、電気、さらに薬や病院システムなどは、過去のイノベーターたちが生み出したものである。

このように、イノベーションは単に技術を進化させたり何かを発明したりするだけではなく、新たな顧客を創出し、価値を提供するための組織をも必要とする。

「我が社にはイノベーションが必要だ」という発言は、新規事業を生み出したいというメッセージとも言えるし、「日本にはもっとイノベーションが必要だ」というのは、日本に新たな産業が必要だと言い換えることができる。

イノベーションとは何か？

「イノベーション」にはさまざまな響きがある。私たち筆者は、鳥人間コンテストへのチャレンジからハードディスクやレーシングカーの設計まで、技術者として数々の研究や開発に関わった。あるいは、マネージャーやコンサルタントとして数多くのプロジェクトを成功させるべく奔走した。注いだ情熱、尽くした努力、取り組んだ手法、恵まれた仲間により、「成功」に結びついたプロジェクトは多い。

だが一方で、「成功」とそれがもたらすはずだった「イノベーション」とは、思ったよりはるかに相関がないことに気づいた。

いったいなぜなのか？　その疑問こそが、私たちがイノベーションについて理解していなかった証《あかし》であり、私たちがイノベーションに深くハマった出発点である。

ハーバード・ビジネス・スクールの教授クレイトン・クリステンセンは1995年、どんなに優良企業であっても、新しい革新的な技術を合理的に軽視してしまい、結果その地位を失う危険があることを、「イノベーションのジレンマ」として提唱した。ジレンマと呼ばれるのは、経営者にとって、自社製品の延長線上にない革新的な技術を評価し、利用するのは、非常に困難な意思決定をもたらすからだ。

この言葉は、**イノベーションを成功させるのは超難問である**ことを世間に知らしめた。かくいう筆者自身も、15年ほどハードディスク業界に身を置いて、「イノベーションのジレンマ」を嫌というほど経験した1人だ。

社内のエンジニアたちの努力で記憶容量の向上に成功したのに、情報の読み書き速度で優る競合に大きく市場を取られたり、小型化がカギだという確信とともに超小型ハードディスクの開発に成功したにもかかわらず、顧客からは見向きもされなかったりといった苦い経験は少なくない。逆に、なんの気もなしに「なんちゃって」高機能装置を作ってみたら、予想外にバカ売れしたこともあった。

とにかく、大きな革新的製品を狙っても失敗したり、そのつもりがなくても、あとからイノベーティブだったと市場から評価されたりと、まったくもって予測困難だったのだ。

クリステンセンが語るとおり、かつて巨大だった企業が次々とその地位から落ちた例は枚挙にいとまがない。

ＩＢＭは、２０１２年からの10年間で、企業価値が実に半分以下になった。当時ほぼ確実にパソコンに内蔵されていたハードディスクは、現在ほぼ見かけず、内蔵されているフラッシュメモリーに取って代わられた。

ＩＢＭに代わってマイクロソフトやアップル、アルファベット（旧グーグル）などが代表的な名前になっているのはご存じのとおりだ。だが、ＩＢＭにソフトウェアを納品する一業者でしかなかった時代のマイクロソフトを見て、いまの姿を想像できたであろうか。あるいは、ゼロックスの研究所で発明されたマウスやＧＵＩを用いたパソコンを開発したアップルが大躍進することを、どうやって説明すればいいのだろう。

優れた技術を持つ巨大な企業がビジネスを制する、というのはどうやら真理ではないらしい。

優れた技術だけを追求していたナイーブな筆者たちが、限界を感じはじめた時期と同期するように、多くの企業も研究や開発より「イノベーション」を求めるようになる。

このときの「イノベーション」という響きには、技術だけでなくビジネス面の革新、さらに自社の変革を意味し、デジタル技術が加速する時代に合わせて変わらなければ会社は廃れてしまうという危機感も感じられる。実際、**企業が繁栄する「平均寿命」は右肩下が**

りに短命化しているというデータもある。(1)

長く停滞している日本においても、イノベーションを起こそうとチャレンジする人やチームは数多く存在してきた。大きな夢を描きながら企業で研究や開発を続ける人や、優れた技術を世界に売り込むための努力を厭わず続けている人たちと仕事をする機会を私たちはいくつも得た。

筆者2人がイノベーション支援に特化したINDEE Japanを創業したのは、日本には技術と人材とチャレンジ精神がさまざまなかたちで埋もれていることを幾度も実感したからである。2013年にはクリステンセンが設立したコンサルティングファームInnosight（イノサイト）の日本パートナーとなり、2016年からスタートアップへの投資を始め、多くの企業やスタートアップのイノベーション／新規事業を支援してきた。

そうしてイノベーションに向き合う年月を経るなかで感じた**最大の変化は、「情報量」**である。

なぜ成功率が上がらないのか？

クリステンセンの著書『イノベーションのジレンマ　技術革新が巨大企業を滅ぼすとき』（玉田俊平太監修、伊豆原弓訳／2000年　翔泳社刊）は、成功より失敗がはるかに多いイノベーションを振り返って「やっぱり失敗しても仕方がなかった」のだと、納得しやすい理由を提示してくれた。

その後、マイケル・レイナーとの共著『イノベーションへの解』（玉田俊平太監修、櫻井祐子訳／2003年　翔泳社刊）をはじめとする名著を次々と出版し、「ジレンマ」を乗り越えるための手法を打ち出したことが呼び水となり、イノベーションに関する多数のノウハウが世に出回るようになった。

1　S&Pのトップ500社を維持する期間を分析した結果。日経も同様の結果を発表している。
https://www.innosight.com/insight/creative-destruction/
https://business.nikkei.com/atcl/NBD/19/00107/00169/

クリステンセンのような経済学者の他に、スティーブン・ブランクやエリック・リースといった連続起業家、さらにベン・ホロウィッツやポール・グレアムなどの元起業家兼投資家たちも雄弁に語った。書籍に限らずブログ、ポッドキャストなどを通じた肉声でも貴重な知見がふんだんに共有され、最近ではイノベーションの国際規格も誕生するほどに、ノウハウの共有は進んでいる。

そこまで情報やノウハウが普及しているなら、成功確率も上がっているはず。と考えたくなるが、予想とは裏腹に、逆に下がっているという分析結果[2]がある。私たちの実感も同様である。知識は増えているものの、結果が出ていない。とくに日本が苦戦している事実は、他国と比較したGDPや、スタートアップの数、大企業の時価総額など数多くの指標にも表れている。

長い年月をかけてイノベーションへの理解が進んだはずが、なぜ、肝心の成功率はいっこうに上がらないのだろうか？

何か重要な点をわれわれは忘れているのではないか。

長年そのことを考えてきたなか、私たちはひとつの解にたどり着いた。

それは、**超難問には超難問としての取り組み方がある、**という点にある。

私たち人間は、情報が豊富にある状況に置かれるとそれだけで安心し、まるで対象が簡単なものであると錯覚するのではないだろうか。ハウツー本をなぞるように機械的に取り組めば結果が出るものと感じていないだろうか。

登山に喩《たと》えると、ヒマラヤのガイドブックが増えれば増えるほど、簡単に思えてしまう。もちろん、ガイドブックによって準備すべき装備を根本的に間違えたり、計画が無謀になったり、ルートを誤るようなことは減る。だが、どれだけ情報が増えてもヒマラヤ登山はヒマラヤ登山である。念入りな計画をいくらしたところで、登山中も常に注意を怠らず臨機応変な対応が必要だ。ガイドブックに書かれていること以外のハプニングは発生する。そして、ガイドブックを読んだとしても脚力を鍛えておく必要もあるだろう。状況判断、臨機応変な対応、ヒマラヤに耐えるほどの体力は、ガイドブックの有無にかかわらず不可欠なのだ。

ヒマラヤ登山とまではいかなくても、子供時代の夏休みの宿題を思い出してほしい。どれだけ直前に1カ月分の宿題をやるのが辛いことなのか知っていたとしても、毎年毎年、ギリギリになって宿題に着手し、罪悪感や敗北感を味わった人も少なくないはずだ。筆者

2 https://www.abeam.com/jp/ja/about/news/20181128

自身を含む個人的な集計では、小中学校の時に夏休みの宿題を計画的にやれた人は2割に満たない。大半の人、つまり「普通」の人は直前に焦ってなんとか提出するはめになる。

宿題の中身そのものは、さほど難しくない。1学期の復習だったり、計算ドリルだったり、やればできるようなものばかりだ。ただし、ドリルの一問一問が容易であっても、「夏休みの宿題を計画的に実行する」という先生の指示したプロジェクトは決してやさしいものではなく、達成率は2割程度の難問だ。

要するに、**「普通」の人が成功しないこと＝（中身がやさしそうに見えても）難しい問題、**ということだ。

ヒマラヤ登山を成功させるためには、情報収集や計画以外に並大抵以上の体力づくりや登山経験が必要なのは言うまでもないが、夏休みの宿題であっても、並大抵の意志では、遊びの誘いを受けた瞬間に立てた計画は瓦解する。

情報があればあるほど物事をやさしく感じてしまう特性に加え、計画を入念に立てれば立てるほど、計画を立案した時点でプロジェクトが完成したような錯覚も生じやすく、実行がおろそかになる。このような特性をなぜか私たちは持ち合わせているらしい。

超・直感力とは？

スタートアップや大企業の新規事業においてイノベーションを成功させるには、私たちが持つこれらの特性が罠となるケースがいくつもある。

なかでも、**重要な意思決定とは思わずに無意識で行ったことが、罠への誘導**であることも少なくない。無意識の意思決定とは直感（習慣や経験による行動）と言い換えることもできるが、この意思決定が悪手になることが多いのだ。

例えば、あるプロジェクトを進めながら事業アイデアの酷似した競合が現れたとき、私たちは反射的にその競合と違う点や、自社のほうが優れている点を探してしまう。相手のことをそこまで深く知らないのに「自分たちのほうがイケている」と確認したい本能が働くのだ。そして、その本能を裏付けるような情報ばかりを集め、本来、向き合うべき情報に気づかないままの行動を取ってしまう。

競合が大成功しそうなら、むしろ真似るべきだし、二番煎じという評価を受けてもそれを誇りに攻めたほうがよい。かつての松下電器は「マネシタ」と揶揄《やゆ》されながらも、しっかりと事業を成長させてきた。

実際には、魅力的なマーケットだからこそ参入企業が多いわけで、新しい市場なら一緒にマーケットをつくるパートナーとなることもあり得る。逆に成熟した市場なら客観的に自社の事業アイデアを見直すチャンスになるのだ。

類似サービスを発見したときのこうした反射的な行動は、きわめて直感的なものだといえる。雪道を運転していてタイヤがスリップしたときに、とっさに急ブレーキを踏んでしまうのと同じである。急ブレーキによってわずかに残っていたタイヤのグリップを消耗し、完全にコントロールを失って大きな事故につながる。予想外のスリップ時にも、プロのドライバーならブレーキを踏み込むことはないが、われわれは違う。通常の退避策を、雪道という困難な事態にも当てはめてしまうのだ。

雪道では急ブレーキを踏まず、タイヤのグリップを温存しながらのハンドル操作が求められる。こうした行動を取るには、訓練が不可欠だ。つまり、**行動の練習、心の準備のどちらかが欠けていると、いつもどおりの直感的な行動をとってしまう**。

イノベーションを成功させるのが簡単ではない理由はいくつもあるが、もっとも見落とされている要因のひとつが、この「直感的な行動」である。

新規事業やスタートアップの担当者は、悪気があって失敗しているのでもなく、努力が足りないわけでもない。自らの直感に従って罠にはまっているケースが多いのだ。

この罠から抜け出すためのキーワードが、英語圏で使われる**「カウンターインテュイティヴ（Counterintuitive）」**である。それまでの経験や固定観念に相反する思考や行動をとること、雪道の例のプロのドライバーのように「直感《インテュイティヴ》に逆らう《カウンター》」ことを指す言葉だ。

イノベーションを成功させるには、この直感や常識、あるいは本能を超えた力が求められる。本書ではこの力を「超・直感力」と呼び、成功への道筋だけでなく、直感に潜む罠を回避するための「カウンター」な行動や思考を、具体策とともに提示していきたい。

超難問のための地図

過去のイノベーションを分析し、多くの理論を学べば、新規事業成功の「ベストプラクティス」は導くことができる。それでもなおイノベーションに関するハウツー本は出版され続け、ブログやウェブマガジン、ＹｏｕＴｕｂｅやポッドキャストなど、メディアを変え量産されている。

言葉を変え、切り口を変え、なぜ同じような内容が繰り返されているのだろうか。この疑問についてさまざまな観点から考えた結果、こうなったら本を書くしかない、という冗談のような結論に達した。

本書は、現在の閉塞《へいそく》感をなんとなく打開したいと考えている方からいま現在新しい事業を立ち上げるために汗水たらしている現場の方まで、幅広く参考にしていただけるよう、以下の構成を用いた。

1章では、ある企業の新規事業プロジェクトの事例を見ていく。その後、実際のスタートアップ・プロセスに沿って、2章ではアイデアの取り扱い方、3章でPSF（プロブレム・ソリューション・フィット）、4章でビジネスモデル開発、5章でPMF（プロダクト・マーケット・フィット）を解説し、6章でスタートアップの出口戦略を検証したい。そして、7章では実行部隊をサポートする支援部隊にフォーカスし、8章で超・直感力を身につけるためのヒントをまとめた。

順に読んでいただいてもいいし、気になる章から読んでいただいてもいい。なお、PSFやPMFなどの用語はこのあとの用語集にもまとめてあるので、参考にしていただけたら幸いだ。

先に述べたとおり、コントロールが不能で不確実性が高いイノベーションという超難問に対しては超難問としての取り組み方がある。したがって、本書で紹介するプロセスも、決してスムーズで一直線ではないことがわかっていただけると思う。

同時に、みなさんの**目の前に立ちはだかる壁に見えているものは、直感のスイッチが入ってしまう罠**でしかなく、成功者にとってはそこに「縁」や「試練」あるいは「幸運」が見えていたことをお伝えしたい。

本文中では「新規事業／スタートアップ」をイノベーションとほぼ同義に使っていく。というのも、新しい事業が成立し、持続可能になることは、顧客によって価値が見いだされ需要を生み出すことになるからだ。

一見やさしく見えてしまうイノベーションに潜む罠の地図として、そして一見混沌《こんとん》で不確実な道筋に光を照らすライトとして、本書を活用していただければ光栄だ。

イノベーションのための超・直感力［目次］

第3章

PSF（プロブレム・ソリューション・フィット）——顧客は「やりたい事、やらなければならない事」にしかお金を払わない

※本文中、（ ）内の数字は側註があることを示す

用語集

スタートアップ

一般に、急成長を目指す新興企業を指す。本来は、社内新規事業を含め新しい「事業」の黎明期を指す言葉であり、組織の形態を問わず「成功するビジネスモデルを見つけ出す」という明確な目的を持った時限的なチームを意味する。そのため本書では、大企業内の社内新規事業を含め、新しい事業を成功させるための試行錯誤に関する活動とプロジェクトを総称し「スタートアップ」として扱う。

ジョブ

ジョブとは、ハーバード・ビジネス・スクール教授のクレイトン・クリステンセンが提唱した「片づけなければならない用事」もしくは「ある特定の状況で人が成し遂げようとする進歩」を指す。ジョブ理論では、消費行動が行われる根底には、こうした「やるべきこと」「やりたいこと」が存在するとし、ジョブを解明することが、商品やサービスの予測につながるとしている。

PSF（プロブレム・ソリューション・フィット）

PSFとは新規事業のアイデアが、顧客の課題解決策としてマッチしていることを確認した状態を指す。このステップでは、市場規模など定量的な検証よりも定性的に問題の有無や切実度、解決策への渇望や受容性を把握できればよい。

PMF（プロダクト・マーケット・フィット）

PMFとは、新規事業創出プロセスの最後のステップを経たゴールの状態。新製品や新サービスが市場に受け入れられる状態、かつ再現性高く事業が行える状態を指す。言い換えると、ビジネスモデルが確定し、事業規模拡大の予測性が高まっている状態となる。

ユニット・エコノミクス

ある製品を1台売るために必要な時間や人件費、宣伝費など、販売単位あたりの費用分析をユニット・エコノミクスと呼ぶ。ビジネスモデルの多様化によって、収益構造もコスト構造も複雑になり、ユニット・エコノミクスの重要性が着目されるようになった。

ビジネスモデル・キャンバス

スイスの起業家アレックス・オスターワルダーと経営学者のイヴ・ピニュールが考案した、新しいビジネスモデルを生み出すためにアイデアを整理・可視化するためのフレームワーク。

MVP

Minimum Viable Product の略。PMFを目指す際に用いる仮説検証用の未完成な商品や試作品を指す。連続起業家エリック・リースの定義によると、「チームが顧客について最大限の学びが得られる、最低限の努力でつくることができる新製品のバージョン」。通常の試作品は、技術的な学びを得ることが中心となり、最終製品にかなり近い形状や機能を持つことが多いが、MVPでは顧客についての学びが中心となるため、最終製品とは異なっていても問題ない。

スピンアウト・スピンオフ

ともに大企業から小さな事業を別法人として切り離すこと、そして切り離した企業を指す。資本形態で呼び名が異なるが、その分類や定義はあいまいで一般化されていない。スピンアウトでは親会社との資本関係を持たず、新規事業に取り組んでいたメンバーが独立する。スピンオフでは親会社との資本関係を保ったまま、他の投資家などからの出資を受け独立する。

ピボット

ピボットとは、より事業成立の確率を高めたり、事業規模を大きくしたり、成立までのスピードを早めたりするために、当初の事業案を修正することを指す。机上のアイデアのままでの修正や変更はピボットとは呼ばない。そのため、事業案の修正とはいえ、仮説検証の結果を踏まえた「軸のある」変更が伴う。

ピッチ

英語で「売り込み」「売り込むこと」を指す言葉だったのが転じ、事業の提案を投資家に行うことを指す。企業内においては、新規事業を進められるよう社内の関係者に提案し支援を得ることがピッチとなる。新規事業を提案するための資料をピッチ資料と呼び、事業推進上、重要な位置づけとなる。

第1章

出発点
――成功者と失敗者の根本的な違い

とある素材メーカーA社に勤務する田中さんは、新規事業の部署に配属され、リーダーに任命された。入社して3年ほど研究開発部門にいたのち企画部門へと異動になった田中さんにとって、新規事業の立ち上げ経験はなく、新たな配属には不安があった。

企画部門にいたころは、自社製品の新しい用途を探す任務に当たっていた。なかでも田中さんは自動車業界を担当し、その仕事ぶりは一目置かれていた。というのも、自動車業界向けの事業を立ち上げるきっかけを作ったのが、ほかでもない田中さんだったからだ。

あるとき、特別な機能性素材を探して何社にも断られた大手自動車メーカーが、真剣に話を聞いてくれた田中さんとA社に目を留めた。田中さんは特にその領域に詳しいわけではなかったが、相手のさまざまな要望に耳を傾け、社内の研究者と連絡を取りあい、しぶとく仕事に取り組んだ。そして1年にもおよぶ試行錯誤を経て、なんとか相手の要求の60点ぐらいと言えるサンプルを作ることに成功した。

当初の予定から何カ月も過ぎていたうえに、性能も期待外れで怒られるかもしれない、そんな思いもよぎったが、研究者たちの努力を考えると何かしらのフィードバックをもらいたいと、田中さんはおそるおそるサンプルを提出することにした。

ところが、予想に反して自動車メーカーから返ってきたのは、長期的な共同開発の打診だった。大手自動車メーカーとの新たな事業の可能性は会社を動かした。研究開発部門は予算を増やし、1年遅れで当初の要求の80点程度のレベルまで素材の改善に成功し、見事に自動車メーカーに正式採用されたのだ。

実はこの間、自動車メーカー側も田中さんとのコミュニケーションを通して、自分たちが想定していた100点は無理だと納得し、他の方法との組み合わせを探っていた。2年後、同様の設計を他の自動車メーカーも踏襲し、A社が開発した素材は業界では地味なスタンダードとして確立されていった。売上での貢献もさることながら、巨大な自動車メーカーとの接点を作った点が高く評価され、新規事業部門のリーダーとして白羽の矢が立ったわけだ。

一方で、田中さんの異動には、別の背景もあった。実のところ、A社は5年以上、売上が右肩下がりの状況だった。特段、競合にシェアを奪われたり、品質問題やミスが続いたりしたわけではないにもかかわらず、注文量が減っていたのだ。A社の顧客の多くは海外製品にシェアを奪われ、採算性の低い製品の取り扱いを止めていた。得意先企業の多くが海外企業の攻勢によって事業を縮小するという構造上の窮地に立たされたA社は、新たな顧客開拓に迫られた。こうして、A社は既存事業にだけ頼った経営から脱し、「新規事業開発室」という事務局を設立することにした。

新規事業開発室は、社長および研究開発の担当役員の管理下に置かれ、3つのプロジェクトを走らせることになった。田中さんをはじめ、社内でも評価が高く幹部候補となっていたBさん、従来のA社では思いつかないアイデアを出してくれそうな入社2年目の若手Cさんが、各プロジェクトのリーダー役として選出され、3つのプロジェクトの管理や予算や人員の取りまとめ、社長や役員への説明は、企画経験のあるメンバー3名が事務局としてアサインされた。

田中さんのチームには、営業3名と研究者3名が加わり、計7人。田中さんは新たな任務に備え、手始めに、新規事業開発やイノベーションに関する書籍を読むことにした。さらに関連する社外セミナーや勉強会にも数多く参加した。手に入れられる知識を集めることができたと感じた田中さんはその結果をまとめ、新規事業開発室内でも共有した。その内容とは、以下の3つのポイントである。

① 市場規模よりも顧客の強いニーズを優先すること
② MVP（価値のある最低限の試作品）やプロトタイプをつくり仮説検証を重ねること

③ＰＭＦ（再現性高く事業が行える状態）になるまでリーンにコストを掛けない活動にすること

田中さんはチームメンバーとも密にコミュニケーションを取り合いながら、プロジェクトを進めることにした。活動を始めて3カ月、チームは順調にミッションに向かっているように見えた。

だが半年後、状況は一転していた。

ＭＶＰやプロトタイプへの着手はいっさい行っておらず、顧客インタビューなどの仮説検証も皆無。一方で、社内からの異動により、チームは20人にまで膨れあがっていた。顧客のニーズやプロトタイプの大切さ、贅肉《リーン》のない活動の意味を知っているはずの田中さんが最初の6カ月でやっていたことは、真逆のこと——つまり、社内ミーティングと社内調整ばかりの6カ月を過ごしていたのだ。

その6カ月間、事務局も邪魔をしていたわけではない。毎週行われる田中さんとのミーティングでは助言を行い、その状況を逐次社長に報告することで、方向修正していた。例えば、一度田中さんが出した事業案を社長に打診してみたところ、市場規模が小さそうだということで見直すことにした。あるいは、新規事業のテーマに詳しい社員を探し出し、引き抜くことで、メンバー増強にひと役を買っていた。

田中さんは、ニーズを検証する重要性を忘れていたわけではない。メンバーとの定例や週次のミーティングで忙しかったのと、予算もあったため、外注調査会社や分析レポートの購入で代用した。MVPも、より大きな予算を獲得してから信頼のおける会社に外注すればすむと考えた。そのほうが最初から完成度の高いプロトタイプを製作することができ、効率的だと思ったのだ。

これまで本で読んできた多数の成功例や失敗例は、過去に特定の企業が行ったことであって、自分たちはそこまで大変なことをやり切る必要はなく、現実的ではないという認識を持ってしまっていた。

実は、A社や田中さんのような事例は決して珍しくない。私たちが出会う企業や、新規事業担当者の多くは似たような状況に陥っている。

アタマでわかっていても、カラダが別行動してしまうのだ。過剰な社内調整といえば大企業の代名詞のように思われるかもしれないが、スタートアップにおいても似たようなことが頻繁《ひんぱん》に発生している。

新しい事業を立ち上げる、というシチュエーションは、なぜか、**アタマでわかっている**

はずの原則と行動をズレさせるのかもしれない。

田中さんらが陥った直感の罠と、とるべきカウンターな行動にはどのようなものがあったのか。５つのタイプとともに見てみよう。

１　一般的な問題解決策のあてはめ

最初の罠は、通常の問題解決手法を難しい問題にもあてはめてしまうことだ。例えば〝会社をイノベーティブにする〟という課題に対し、オフィスを模様替えする、スローガンを掲げる、といった行動がこの分類にあてはまる。

いつもと同じメンバーで集まって、社員旅行の場所を決めたり忘年会を企画するのと同じようなアプローチを取ったりしてはいないだろうか？

カウンターな行動では、すぐに社内で会議したりスローガンを練ったりはせず、オフィスから実際に街に出て現地現場に足を運んだり、社外の知人を頼って相談に行く。開発するために信頼のおける大きな会社を頼るのも、基幹システムの開発においては正解だが、プロトタイプなら逆効果になる。

田中さんのケースでは「調査を外注する」という判断がつまずきとなった。

既存事業に関する調査であれば、何をどう調べればよいかが定まっており、調査項目も定型的である。しかし、存在するかどうかまだわからない新しい市場について調べる場合、決まった調査方法は存在していない。したがって、**リサーチそのものも試行錯誤しながら市場を見つけていく必要がある**のだが、調査を安易に外注することによって、市場を見つけるせっかくの機会を失ってしまう。

さらに、プロトタイプに着手すらしていなかったことも問題だ。既存事業では、綿密な調査に基づく質の高いプロトタイプが求められることが少なくない。だが、不確実性の高い新規事業においては、作り込まれすぎていると、顧客の声に合わせて修正するのが大変になる。手作りのプロトタイプなら、文字どおり手で直せるため、顧客のニーズに合っているかをひとつひとつ丁寧に確認することも可能だ。**プロトタイプの完成度にこだわることは成功へのヒントを見落とす悪手となる**こともあるので気をつけたい。

2 希望的観測

2つめの罠は、希望的観測で現状をとらえてしまうことだ。技術的な大発明をしたのだから、商品化や事業化は向こうから勝手にやってくる――そう期待したくなる気持ちもわからなくはないが、ほぼ必ずと言っていいほどその期待は裏切られることになる。

直感的な行動では「商品をつくってから売り方を考える」が、カウンターな行動では**「商品をつくる前から顧客が喜ぶシーンを具体的にイメージし、検証する」**。顧客が実際に購入し、利用するイメージを固め、そこから逆算して商品や販売チャネルをつくることに着手するのだ。

自ら顧客の声を聞く重要性を知っていたはずの田中さんが、「今回くらいはいいだろう」と高をくくってしまったのも希望的観測である。

なにもすべてを悲観的にとらえる必要はない。超・直感のアプローチでは、常にポジティブに仮説検証を繰り返し、顧客から断られたら必要な修正を行って挽回をはかる。「いつか答えは見つかるはずだ」という遠いゴールについて楽観的で希望的な信念を持ち続けることは決して間違っていない。ただし、「事実」については捻《ね》じ曲げない。売上というのは、あくまでも金額入りの注文書が届くことを指すのだから。

3 多数決を採る

3つめの直感的行動とは、多数決で方針を決めることだ。多くの人が失敗する難問とは、裏を返せば多数派が不利な問題である。過去の事例や前例があるからといって、それまでのやり方を参考にするのは残念なパターンだ。

青色発光ダイオードを発明した中村修二《なかむらしゅうじ》氏は、世界最高峰の研究者が長年苦労しても実現できなかったセレン化亜鉛方式ではなく、研究者の中でマイナーだった窒化ガリウムを選び、青色発光ダイオードの研究を進めた。「優秀な研究者がこれだけ研究してきたセレン化亜鉛で結果が出ないということは、無理なのかもしれない」と考えたという。

つまり、多数派の流れに逆行し、勇気をもって自らマイノリティになったのだ。カウンター行動では、分が悪い状況においてこそ、多数派からは奇策と呼ばれるような手を打つ。社内の常識人とばかりミーティングを重ねると、一般的な考えを持つ人がマジョリティとなり、**多数決からは悪手が生まれがち**なので、注意したい。

A社のケースはどうだったか？　田中さんは毎週、事務局の3人と打ち合わせをしていた。こうした定例ミーティングでは、重要な意思決定が行われないかわりに、日々のなにげない判断が下されたりする。とりわけ、社長への報告を気にしている事務局が多数派となるミーティングでは、つい**「報告映え」する方向へとバイアスがかかる**ことで、本来イノベーションに向けられるべきエネルギーがそがれてしまう。

このように、重要なマイルストーンなどでは冷静に直感の罠を避けられたとしても、特段重要ではない意思決定は多数派の意見に流されやすいので注意が必要だ。事務局と

のミーティングでは、プロジェクトの実務メンバーが少数派にならないようにすること
も考えたい。

4 短期視点

4つめの罠は短期視点である。新規事業やスタートアップが成功するということは、5～10年後に繁栄する事業をつくり上げることを意味する。しかし、新事業の立ち上げ時はあまりにも目先のイベントが慌ただしく発生するため、なるべく短時間で簡単な方法で片づけたくなる。

次々とゲームをクリアするように取り組むだけでは繁栄する事業はつくれないとわかってはいても、次のマイルストーン、その次のマイルストーンと慌ただしく迫ってくるスタートアップのフェーズに身を置きながら長期的な視野を持ち続けることは容易ではない。重要だが緊急ではない課題は、ついつい先送りしてしまうのが人間である。

必ずしも「長期的に」考える必要はないが、カウンター行動では、**やるべきことが多すぎるときほどいったん立ち止まり、課題を整理する。**先送りしてしまうようなことは、前もってすっきり整理しておき、長期的な手間を減らすのもカウンター行動だ。

田中さんも、新規事業開発室の設立に伴う諸々のイベントに翻弄《ほんろう》されてしまっている

と言える。まだ何も始まっていないのに週次のミーティングや報告を行うのは、さすがに多すぎる。

コミュニケーションを密に取ることで経営層からのサポートや評価を得たいと焦る気持ちはわかるが、取り組んでいるのは未来の事業なのだ。報告すべき成果を出すのに必要なタイムスパンが長いなら、報告のタイムスパンを空けてもいいだろう。

5 計画過多

最後に挙げたい直感的行動が、計画過多（過剰な具体化）である。

田中さんの例に限らず、いざ新規事業に取り組むとなると、計画立案に時間をかける人が多い。しかし、どのような事業をするのか決まる前から計画できることなどほぼないのだ。ソフトウェアに関する新規事業と、飲食店に関する新規事業なら、必要な準備や決めるべきことはまったく異なる。ある程度の決定ができるまでは無計画のまま進めざるを得ないのだが、この無計画な状態が不安になる人も少なくない。

多くの成功するイノベーターは、**行動しながら言語化し、言語化しながら行動している**ことがわかっている。ビジネスのプロセスにおいては、ゼロからイチを生み出す局面はアートに近く、イチを再現し拡張するにしたがって科学に近くなり、10―100にす

■スタートアッププロセス

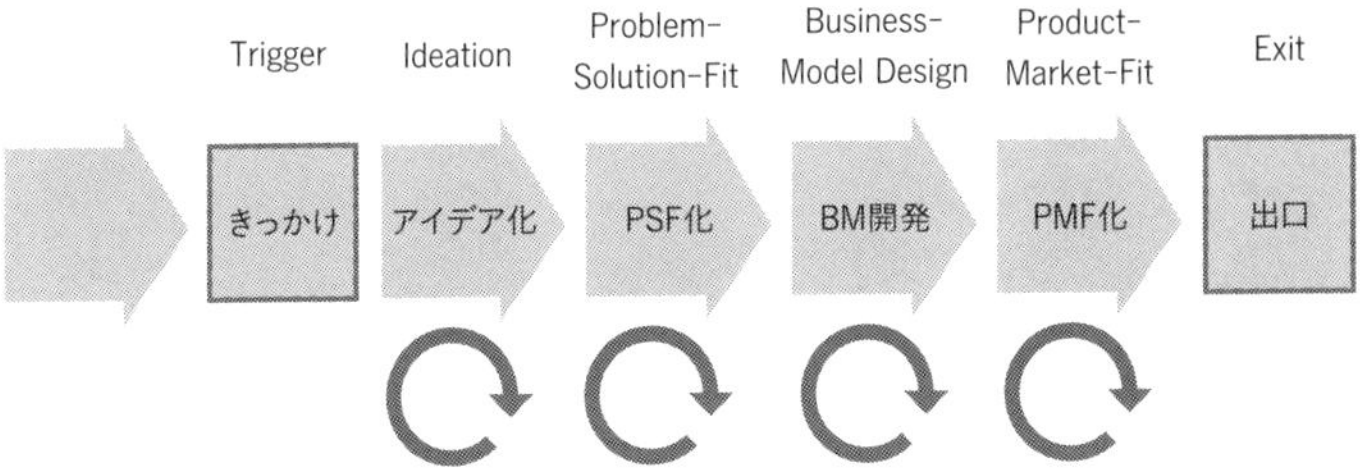

るには科学が必要になるというのが私たちの見立てだ。

イノベーションには不確実性が必ず伴うことを考えれば、ゼロベースで計画を緻密に立てることよりも行動からフィードバックを得ることを主眼におくほうが理にかなっている。さらに前述したように、計画段階で満足してしまう私たちのバイアスにも気をつけておかなくてはならない。

「動きながらその意味や成果を言葉にして振り返る」というアプローチによって、机上では生まれないアイデアが生まれ、そのアイデアの結果得られた小さな反応や成果も漏らさずとらえて次に生かすことがカウンター行動につながる。

とはいえ、完全な無計画では未来志向のイノベーションは生まれない。

そこで、次の章からは、新規事業のアイデアが生まれてから事業として成立するまでのスタートアップ・プロセスを、各パートごとに解説する。プロセス自体は既知のものかもしれないが、各章において、いざ実行する際に陥りがちな直感的行動と、直感を超えるアプローチを紹介しよう。

アイデア

このあとの第2章では、アイデアをかたちにするプロセスを扱う。具体的には、ビジネスプラン・コンテストや、アクセラレーション・プログラムによる社内募集によって、個人が持つアイデアや意志を表出化させ、プロジェクト化させるフェーズを指す。全社的で公式なアイデア募集が行われていなくても、研究所内の募集や特定の部署でアイデア募集が行われていることもあるだろう。

アイデアが自然と湧いてくることもあるが、意図的に出す場合はプロダクトアウトないしはマーケットインのどちらかのアプローチが取られることが多い。

「自分がつくった製品を世に広めたい」というような技術や製品主導の進め方をプロダクトアウト、ある問題に対して「なんとかしたい」と解決策を探る顧客課題先行の進め方をマーケットインと呼ぶ。どちらが先であろうと、新規事業が成功するためには遅かれ早かれ、プロダクトがマーケットにフィットすることが条件になる。

一般に、莫大な研究開発予算をかけたあげく市場性のない製品を開発してしまったトラウマを持つ企業は、その反動でマーケットインを推進する傾向がある。逆に、現在の事業が他社から模倣され優位性を失ってしまった結果、厳しい価格競争にさらされている企業は独自性を求めてプロダクトアウトを望む傾向が強い。イノベーションの観点から、プロダクトアウトとマーケットインのどちらのアプローチが優れているのかと聞かれることがよくあるが、どちらにも一長一短があるというのが私たちの見立てである。

技術起点のプロダクトアウトで成功したイノベーションには、複写機やデジタルカメラがある。どちらも技術者が「こんなものができたらすごいだろう」という遊び心で始めたプロジェクトが一大産業を生み出した好例だ。さらに、3Mのポスト・イットのように研究者の失敗がきっかけとなった例もある。意図に反して生まれた接着力が極端に低い糊《のり》を見て、「くっつくが剝《は》がしやすい付箋」として実用化されたことは、多くの読者も知るところだろう。

他方のマーケットインの事例も多い。エジソンが発明した白熱電球や、日亜化学工業の中村修二氏が発明した青色発光ダイオードは、いずれも熾烈《しれつ》な発明競争に勝った例である。巨大な市場性が見込まれるなか、多くの研究者や発明家が技術の確立にしのぎを削っていたところ、エジソンと中村さんが誰よりも早く発明に成功した。

プロダクトアウトだから技術開発にだけ集中するかといえば、実際はマーケット探しという市場での活動が中心となるし、市場のニーズがスタート地点のマーケットインの場合は、プロダクトの開発が主な活動になってくる。技術に自信があるチームの活動が、ほぼマーケットに関することになるというのも直感に反する点のひとつとして、解説を加えていく。

PSF（プロブレム・ソリューション・フィット）

ひらめいただけのアイデアはまだまだ仮説であり、不十分なものだ。ちょっとピントがずれていたり、解決したい課題に対して大げさだったり、逆に不完全な解決策だったりする。そもそも、製品としても完成しておらず、販売もしていないのだから、すべてが仮定にすぎない。

そこで第3章では、発案したアイデアが顧客課題にマッチしているかどうかの妥当性を検証する、プロブレム・ソリューション・フィット（PSF）の過程を掘り下げる。

製品開発や販売網の開拓に着手する前にPSFを達成しておくことは重要である。投資が無駄になるリスクを避けるのと同時に、顧客が製品を手に取って利用する状況について解像度を高めておくことで、手戻りを防ぎ、事業立ち上げを早められるからだ。

アイデアとは未検証な解決策であり、研ぎ澄まされていない解決策の検証＝修正を重ねることが前提である。したがって、PSFを達成するには、実際に課題を抱えている人との接触が不可避となる。アイデアが顧客の課題にマッチしていなければ、アイデアを修正（ピボット）する。アイデアではなく顧客の意識を変えようと模索する人もいるが、アイデアを変えるほうがはるかに早い。

このフェーズを経て、顧客の置かれた状況を把握して、その状況に適した問題解決策をつくり始めるスタートラインに立ちたい。

ビジネスモデル開発

PSFを経たからといって、大きな投資をするのはまだ危険だ。大きな賭《か》けに出る前に、継続性と再現性、顧客に価値を提供しつづけられるかどうかを見極めたい。

第4章では、ビジネス全体をいったん設計し、顧客獲得の方法や、仕入れ先、必要なスタッフの要件、必要となる代理店やパートナーなどの戦略を整理するプロセスを検証する。このビジネス全体の設計をビジネスモデルと呼ぶ。

もちろん、アイデア段階からビジネスモデルの構想があってもよい。早くから構想があるのはまったく悪いことではないが、課題や解決策の解像度が低い段階では、ビジネスモデルはあくまでも構想であることを念頭に置きたい。

このプロセスでは、実在する顧客の課題や、置かれている状況に応じて設計図を見直しつつ、顧客獲得の道筋や、パートナーの獲得など、重要な部分から着手し、ビジネスモデルを開発する。本格的に事業が立ち上がらない段階では、一部が構想や設計のまま残ってしまうこともやむを得ないが、ビジネス全体の実現性、再現性を提示することができなければ、投資を拡大し事業立ち上げを推進することが困難になるだろう。

PMF(プロダクト・マーケット・フィット)

課題もビジネスモデルも現実的なものになってきたら、やっと「現実の」サービスや製品づくりに着手するステージだ。

第5章では、新製品や新サービスが市場に受け入れられる状態、かつ再現性が高く事業が行える状態を指す、プロダクト・マーケット・フィット（PMF）のフェーズを見ていく。具体的には、顧客の反応を注意深く見つつ、製品やサービス、さらには価格など、ビジネスモデルの改良を重ねる活動である。顧客が求めることと、提供できる価値のギャップを狭め、「フィット」することがこのフェーズのゴールとなる。

もちろん、このPMFにおいても直線的な進化はまれで、ピボットも必要なことが多い。ターゲットの設定、価格設定、代理店選定などの戦略面の調整に加え、売り方や付随サービス、サポートなどについても一定の試行錯誤を繰り返すことが求められる。

いま**世の中に普及しているサービスや製品は、いくつもの改善を積み重ねた末の姿**であることを見逃してはいけない。

PMF達成まで来ると、顧客から見たときの期待と実態のギャップは小さく、提供側からすれば想定顧客はほぼ購入に至り、思いもかけない顧客層からも引き合いが増える。

出口戦略

続く第6章では、スタートアップ・プロセスの最後にあたる出口戦略について掘り下げる。スタートアップ企業にエグジットプランが必要なように、社内新規事業にも「終わり」があることは案外見落とされているが、同様に出口戦略を立てておくことが大事である。

スタートアップ企業の出口は上場やM&Aなど、投資家であるベンチャーキャピタルが投資した資金を回収することを指す一方で、社内新規事業の出口はもっと多様だ。新会社を設立して事業を開始することも考えられるし、子会社とまではいかないまでも新たな事業部として運営することや、既存の事業部内で新規事業を運営することも選択肢である。別会社にする場合も、資本を外部から調達しない完全子会社や、部分的に社外からも資金調達を行うスピンオフ、さらには、プロジェクトメンバーが独立し資本関係を持たないスピンアウトも出口のひとつである。

出口によって、その到達基準が異なることにも注意したい。PMF後、「ミニ事業部」や「準備室」といった移行的な組織を立ち上げて準備を進めるのが理想的だが、そこまでのプロセスを整えている企業はめったにない。別会社化するプロセスともなれば、用意している企業は稀有《けう》である。ではプロセスが用意されていなければ不可能かといえば、必ずしもそうではない。出口を模索しながら新規事業のチームが主体的に提案を重ねることで打開することが可能だ。

まれにだが、社長の鶴のひと声で、「会社をつくれ」と出口が決まることもある。この場合、焦ってPMF前に会社をつくってしまうと、他の子会社と横並びで比較され、単期黒字に到達するまではお荷物会社としてプレッシャーを受けつづける悲劇もあり得るので要注意だ。

多くの企業では、実行部隊とは別に、新規事業の推進を見守るための支援部隊が設置されている。役割は支援や加速ということになっているが、**支援というのは実行よりも難しい点がある**ことはあまり認識されていない。結果、新規事業プロジェクトの支援どころか足を引っ張る事態も発生している。こうしたねじれを回避するため、第7章では、支援部隊が陥る罠と、カウンターな実践法を伝えることにする。

イノベーションを成功させるには、それまでの常識や経験に反する行動が求められることが多い。だが現実問題として、すべての活動を意識的に行うようには私たち人間はできていない。息をしたり、歩いたり、大半の活動は無意識に行うものである。

そこで最後の章では、直感の枠を超えて日ごろからイノベーティブになるよう、そして新規事業が無意識的に行えるようにするためのヒントをいくつか紹介したい。

スタートアップ・プロセスとは「事業の再現性そのものを生み出すプロセス」であり、ゴールはあくまでも、イノベーションにつきものの3つの不確実性――需要の不確実性、技術や価値提供の不確実性、収益性の不確実性――を低減し、再現可能なビジネスモデルを生み出すことだ。

持続的な事業を営んでいる多くの企業には、再現性の高い他のプロセスがすでに構築されているかもしれないが、同じ「ビジネスプロセス」ではあっても、スタートアップ・プロセスとそれ以外には、料理本のレシピどおりに調理をするのと新しい料理を生み出すほどの違いがある。

そう考えれば、直感のままの普段の手順どおりでは、新しい料理は生み出すことができないのをわかっていただけるのではないだろうか。

では次の章から、どういうときにカウンターで反直感的な行動が求められるのかを、具体的に探っていこう。

章のまとめ

■スタートアップ・プロセスは「事業の再現性そのものを生み出すプロセス」のため、やさしく見えても、罠は多く、難易度は高い

■困難な問題に一般的な問題解決法を当てはめてしまい、失敗することも多い

■事業の先行きについての希望的な観測も、大きな失敗要因である

■意思決定に多数決を用いるのは危険なアプローチ

■目先だけを見た短期的な視点にとらわれるのは、10年先の事業をつくるには危険な視座である

■計画過多も陥りがちな罠なので、行動しながら臨機応変に修正する

コラム1

ジョブ理論と「ジョブ」

ジョブとは、顧客が製品やサービスを（有償・無償にかかわらず）購入する際に、成し遂げたいことを指す。厳密には、購入する前から存在している課題や、解決したい問題、あるいは些細《ささい》な用事など大小のバリエーションがある。また、快適さや楽しさ、嬉しさなどを「感じたい」といった感情的な課題や、他者から「認められたい」といった社会的な課題もジョブに含まれる。

「ジョブ理論」を提唱したハーバード・ビジネス・スクール教授のクレイトン・クリステンセンは、消費者が製品を買うという行為には、その人なりの道理があるはずだと考えた。というのも、売れる製品と売れない製品、あるいは買う人と買わない人の違いは、製品スペックや顧客属性の分析では判明しなかったからである。

ある会社に、売上が伸び悩んでいるミルクシェイクについて相談されたクリステンセンは、店に来る顧客の行動を観察してみることにした。すると、ミルクシェイクは主に平日の朝、車通勤している客が購入していることがわかった。彼らに購入した理由を尋ねると、朝は通勤ラッシュで手持無沙汰なうえ、小腹が減っているのでミルクシェイクがちょうどよいと言う。バナナだと手が汚れ、普通のドリンクだと腹持ちしないし、すぐに飲み切ってしまう。暇が満たせ、腹を満たせることがやるべきジョブなので、彼らは味についてさほどこだわっていなかったのだ。

同じ顧客層が、週末になると子供を連れてミルクシェイクを購入しにきた。同じように理由を尋ねると、週に一度くらいは子供のわがままを聞いてあげたいからミルクシェイクを買い与えたという。仕事で忙しい平日は、慌ただしく我慢を強いてばかりいるので、週末に出かけたときくらいは「ご褒美に甘いミルクシェイクを飲ませてあげたい」というジョブだった。このように2つの異なる理由で購入されるミルクシェイクをひと括りで分析しても答えは出にくいし、量や味を変えても相殺されてしまうことが（後知恵なら）わかる。

ジョブ理論が教えてくれることは、「製品が存在する前から製品を買う理由が存在する」ということである。

似た用語として使い慣れている「ニーズ」という言葉と混乱するかもしれないが、その混乱の一因は、「ニーズ」の定義が曖昧だからというのもある。

文脈によってコトでもありモノでもあり得る「ニーズ」に対し、「ジョブ」はあくまでも「コト」である。

例えば、クリーニングは「大事な洋服をリフレッシュしたい」というジョブのために顧客が利用するサービスである。一方で、「クリーニングのニーズは大きい」などと言う場合には、すでに存在しているクリーニング店の売上や市場規模などを指す。

では、仮にスプレーを吹きかけるだけでスーツが新品同様にリフレッシュされる魔法のような商品が企画されたらどうだろう？

「魔法のスプレーのニーズは大きい」と言うのは難しい。まだ存在していない手段に対し「ニーズ」は当てはめにくいものだからだ。

別の言い方をすれば、「潜在的なニーズ」を顕在化するのがジョブ理論である。

クリーニング店を利用する顧客を観察し、その目的を尋ねれば「スーツをリフレッシュしたい」というジョブは強いと結論づけることが可能になるだろう。

スーツを実際にリフレッシュしている顧客は存在し、彼らはクリーニング店にわざわざスーツを運ぶ。そしてお金を払ってスーツを「クリーニング」している。このような顧客に対し、「なぜクリーニング店にわざわざ行くのか？」といった一見あたりまえの質問をすると、「パリッとする」とか「匂いが取れる」などといったクリーニング店に求めるジョブが明らかになるだろう。クリーニングに出さないときの理由や、クリーニングに出す際の不満なども聞くことができる。

ほとんどの市場調査は、「どのようなクリーニング店が好ましいか？」という観点でしか行われていない。そうなると、クリーニング店という「手段」ありきの調査結果しか得られない。ミルクシェイクにしてみれば、すでにある商品の味や量については示唆が得られるが、大人が運転中にでもゆっくりと飲みやすく、あるいは子供のご褒美としてふさわしくするヒントは得られにくい。ひょっとするとストローの太さや、カップの柄がカギとなるかもしれないのだ。

このように、一般的な市場調査からは、料金や品質、ロケーション、接客態度など、現状からの改善要望しか得られないため、新規事業にはあまり向いていない。「魔法のスプレー」といった発想を生むためには、手段である「クリーニング店」をいったん忘れて、なぜ行くのか？　という顧客の動機に焦点を当てる必要があるのだ。

誰が、いつ、どういうときにクリーニングしたくなるのかという「顧客」＋「ジョブ」＋「顧客が置かれた状況」をすべて把握することが、イノベーションを大きく前進させると心得るといいだろう。

第2章

アイデア

――アイデアは「自分の中」と「会議室の外」にある

新規事業は自然には発生しない。意識的に「いつもとは異なる何か」をしようとしない限りは。ただ、その「何か」を起こそうとする瞬間にもいくつもの本能的なブレーキが作動してしまうことがある。さっそく見ていこう。

「自由な」アイデア募集をしない

企業で新規事業を求める際、既存事業にとらわれないように、「自由な」アイデア募集をしてしまいがちだ。だが、実際にこれをやると内容の乏しいアイデアが集まるのが実情である。**「好きに考えて」と言われると、人はどこから考えればいいか案外思いあぐねてしまう。**ところが、問いとして「涼しい衣服のアイデアを」さらには「涼しく感じる衣服を」などと問題提起すると、具体的に答えたくなるのが人情だ。出てくるアイデアのレベルを憂《うれ》うなら、問いのレベルも見直してみたらどうだろう。

問いを絞ったら自由な発想が阻害されるのではないか。経営陣の期待を超えたアイデアが出づらくなるのではないかといった心配もあるだろう。だが、募集した要求どおりの提案が来るとも限らない。枠外のアイデアというのは案外出てくるものだ。そして、実際に優れたアイデアであっても、経営陣の期待を超えすぎると却下されるのが悲しい現実でもある。よって、最初から企業が求めているアイデアについてなるべく具体的に提示したほうが、応募する側にとっても募集する側にとっても良い結果をもたらす。

「自由」な発想が結果として機能しない理由は、解決すべき課題も解決策も曖昧になってしまうからだ。たとえば「生活習慣病予防」について自由なアイデアを募集した場合、ありがちなのが「(スマホなどで)食事の栄養情報を利用者に伝える」といった案だ。ありきたりで特徴がない、という指摘はもっともだが、アイデアとして物足りなさを感じる点は他にもある。そもそも人は食事を美味しいと感じるから食べ過ぎてしまうし、味の濃いジャンクフードほどクセになりやすい点を見逃していたりする。

このアイデア募集を改良するには「ご飯を少ししか食べなくても満足するアイデア」や「食事コントロールしないで痩せる方法」などといった制約を与えると発想が豊かになる。企業内のアイデアコンテストなら、「営業しなくても売れるアイデア」や「リピートしてくれるアイデア」。イノベーティブなアイデアを求めるなら「当社の商品が売れなくなるような競合製品のアイデア」を募集してみてはどうだろう。

アイデアは思いつかない

企業によってはすでに何度か社内アイデアコンテストやビジネスプラン・コンテストを開催しているところがあるだろう。私たちが支援している企業にも、社員のアイデア募集をきっかけとした新規事業アクセラレーション・プログラムを立ち上げるところが多い。この取り組みを繰り返すとわかるのだが、初回募集時のアイデア数が最も多く、質も高い。翌年も同じように募集すると、数も減り、質も低下してしまうのが普通だ。2年目に数が半減するようなケースもあるくらいだ。

これには理由がある。最初の年は、いつか提案しようとアイデアを貯めていた従業員があぶりだされる。ここぞとばかりに1人が複数のアイデアを提案することも珍しくない。だが、2年目は次の1年のあいだにアイデアが生まれた人しか応募してこないため、量も質も低下する。募集をかけるだけで勝手に人の頭にアイデアが湧き出てくるようなことはなく、もともとなんとなく頭の中にある課題やチャンスを表出化させ、言語化させるきっかけにすぎないと考えたほうがいい。

ここで改めてアイデアとは何か定義したい。

アイデア　＝　解決すべき課題（の仮説）×　解決策（の仮説）
ビジネスアイデア　＝　アイデア　＋　収益方法（の仮説）

言い換えると、**アイデアとは課題解決という目的と解決手段のセット**であり、その中でもビジネスアイデアとは収益性のあるものとなる。

そのように定義すれば、「解決すべき課題（の仮説）」は顧客についてのインサイト、つまり深い独自の洞察が必要で、「解決策（の仮説）」には技術的な知見が必要である。会議室でブレーンストーミングをしたところで、架空の顧客課題や、実現性に乏しい解決策、もしくは誰もが考えるようなアイデアばかりしか出なかったとしても仕方がない。

現実的かつ革新的なアイデアを生み出したいなら、顧客の課題をいくつか探し、その中で解決するものを決め、いくつもの解決策を試すというマーケットインのアプローチか、解決策のカギとなりそうな技術を軸に、有効に解決できる顧客課題を探すプロダクトアウトのアプローチを取ることになるだろう。したがって、アイデア募集も課題を中心に解決策を募るタイプか、技術シーズを軸に課題を募るタイプの2種類が基本だ。

後者の、課題に対して解決策の募集を行うことを「ハッカソン」と呼ぶことがある。マラソンとハックという言葉の造語であるハッカソンは、時間制限も定め、2日や1週間といった非常に短時間で解決策のプロトタイプをつくり上げることを目標としている。社外の技術者にも公開し、企業側が解決したい課題を定義し、腕自慢の技術者らが解決策を短期間で試作するような企画もある。

海外では、課題を公開し、外部から解決策を募っている企業や団体は多い。INDE Japanのシンガポール支店では、定期的にシンガポールの各種政府機関や企業が発表する課題、別名プロブレム・ステートメントをウォッチし、関係しそうな企業に紹介することがある。

同様に、技術ありきの場合は、用途や顧客の仮説をたくさん出し、いろいろな可能性の中から反応がよいものを探すのがいいだろう。

つまり、**出すべきはアイデアそのものより、「問題」「技術」であり、考えるのではなく「決め」「試し」「探す」**のだ。

タイミングが命

アイデアはもちろん重要だが、タイミング次第ではよいアイデアでも苦戦する。

1998年に、地球上どこでも電話がつながるという画期的な衛星携帯電話サービスが登場した。イリジウムという社名を聞いたことがある方もいるだろう。モトローラーのCEOが創業、巨額の資金も獲得し、衛星を60個以上打ち上げることで、地球上のどこでも通話が可能になった。

画期的な技術ではあったが、顧客の獲得ができず、イリジウムは2年後に破産手続きを行った。当時の技術では電話機の小型化には限界があり、扱いにくく評判が悪かった。さらに、通常の携帯電話網も急速に通信領域を拡大していたため、通信状況が悪い地域の人たちのあいだに、待てばつながるのではないかという期待もあり、契約が進まなかったのだ。

約25年後、イーロン・マスクのスターリンクも同様の衛星サービスを開始した。ロシアのウクライナ侵攻で注目され、サービスは売上を順調に伸ばし、黒字化している。[3] 事業を後押ししているのは世の中のインターネット依存である。25年前と比べ、スマートフォンが普及し、ネット接続が当たり前の時代には、「つながらない不便」を減らしたいという動機はより強くなっている。

天地人という言葉は、孟子の「天の時は地の利に如かず、地の利は人の和に如かず」に由来し、事をなすには天の時、地の利、人の和のすべてが重要だと説いている。

天から与えられたタイミングやチャンスは非常に重要ではあるが、地の利、つまりこれまで築き上げてきた力はそれを上回り、チームワークがさらに重要だという意味だ。持っている技術やチームが重要であることには変わりないが、**時機に合っていると事業は強い追い風**になる。

プロダクトアウト・マーケットインにこだわらない

クリステンセンが提唱した「ジョブ理論」の解説を行うと、「ジョブから着想するマーケットインが理想なのか?」といった質問を受けることが多い。それに対する私たちの答えは、「どちらでもいい。仮説検証のプロセスが違うだけ」だ。なぜなら、技術の用途からアイデアを着想する場合も、顧客のジョブから着想する場合も、どちらにも成功例はあり、優劣は決めにくいからだ。

これまで述べてきたように、顧客課題と解決策はセットで存在してはじめてアイデアと言える。したがって、プロダクトアウトとマーケットインのどちらが優れているかといった議論は、いくつか成功例が出てからはじめて分析しても遅くはない。

2つの違いをあえて挙げるなら、技術シーズをきっかけにした事業は、技術を共通項として大きな事業規模が描けるメリットがある。その反面、顧客開発の試行錯誤が増える。画期的な素材を発明した場合、用途は無限に考えられる。だが、その無数にある用途を探るには何度も提案を繰り返し、断られる覚悟も必要だ。すでに実績のある技術を異なる用途に応用しようとするたびに、まるで新規事業のような顧客開発活動が発生するのも同じ理由である。

他方のマーケットインでは、顧客が最初から明確である。そのため、解決策さえつくる

3 https://www.gizmodo.jp/2023/09/starlink-2022-earnings-elon-musk-projections-investors.html

ことができれば早く事業が立ち上がるメリットがある。その反面、事業規模が小さく感じられるかもしれない。つまり、早くて小さいマーケットインと、遅いけれど大きいプロダクトアウトという傾向だ。だが、このような傾向はあくまでも一般論であり、表面上の比較でしかないと考えておいたほうがいいだろう。潜在規模がいくら大きくても、成功するまではゼロなのだから。

一方で、もし顧客課題も解決策のどちらも持たずに新しい事業を考えるのであれば、**解決すべき顧客のジョブを発見することから着手する**のをおすすめしたい。

具体的な顧客と、その顧客が解決したいことが明確になれば、とにかく事業化への拍車がかかるからだ。

私たち人間は意外なほど困っている人を手助けしたいという本能を持っていることがわかっている。[4] 動物と比べると利他性が高く、社会性の高い人間は困っている人を目の前にすると、放っておけずに何か助けたくなるのだ。地元や故郷で起きた災害と遠い外国の災害のニュースとでは、どこか感じられる距離が異なるように、その困っている人が身近であればあるほど強く共感し、「なんとかしよう」という力は強くなり、活動開始の強いきっかけとなる。

得意先が海外進出したことをきっかけに海外進出を依頼され、そのまま海外展開した企業は少なくない。リスクある海外展開も、普段から関係の深い企業からのお願いとあれば、リスク度外視でついていった会社も珍しくない。

B2Bビジネスこそ初期仮説が重要

公開されているジョブ理論の事例の多くは、B2C（消費者向け）ビジネスである。代表的なミルクシェイクのエピソードを筆頭に、多くの人が理解しやすい消費者向け商品の事例を挙げて説明している。そのためか、ジョブ理論はB2Bのビジネスには利用しにくいのではないかと考える人が多い。あるいは、B2Bビジネスには長い時間をかけて築いた企業間の関係や、業界ならではの特殊な商習慣が存在していることで、「ジョブ」など関係なく、関係性の営業活動で売れる、と考えている人もいるようだ。

4　ヒトと動物の利他性を研究した論文は多数ありFehr & Fischbacherによる"The nature of human altruism"が代表例である。

確かに、こうした関係性の営業活動（リレーションシップ・セールス）が既存事業には有効なことも多い。だが、その同じ営業接点を介して新しい提供価値を提案しようとすると、概ね苦戦する。**B2Bビジネスこそジョブが重要になってくる**のだ。

B2BはB2Cとの違いもあるが、**顧客が製品やサービスを「雇う」という点では同じ**である。では、何が異なるか一般的な傾向を67ページの表にまとめた。

傾向としてB2Bビジネスのほうが商品は大規模で、取引額も大きく、長期間の契約である。また、購入されるまでの過程は複雑で、数多くの部署や責任者の承認を経て、やっと契約が決まったりする。製品やサービスが納入されたあとも、数多くの人が利用するのが一般的なB2Bビジネスであり、そのため、一度購入したサービスや製品を切り替えるスイッチングコストも高くなる。一度決めた取引業社を変更するのは、売り手にとっても買い手にとっても大変だ。

例外もある。B2Cビジネスの中でも、家やクルマの場合は、高価格であり、家族のメンバーで長期間利用する性質から、実際に決まるまでいろいろな相談や議論が行われる。逆に、法人向けといっても個人事業のような小規模企業が購入するのは、B2Cと同じような性質を持つ。重要なのは、自社がどのような性質の事業を立ち上げようとしているのかを認識することである。

■ B2CとB2Bのビジネスの違い

	B2C（一般消費者向け）	B2B（法人向け）
価格	低価格	高価格なものも
利用者	限定的	会社で利用
利用期間	（一般に）短い	（一般に）長い
営業・購買プロセス	シンプル・短時間	複雑・長期間
購入基準	比較的単純	複雑
スイッチングコスト	低い	高い
ステークホルダー	利用者のみ、または限定的	利用者と購入者以外にも多数存在

例えば、一度の契約で多くのユーザーが生じるような取引は、B2B的な性質を持つ。このようなB2B的なビジネスを成立させるには、同時に多くのユーザーのジョブに応えることが必須になる。同時に多数のユーザーに応えることはとても面倒に感じるかもしれないが、いったん獲得したB2Bビジネスは持続性も高い。他の製品やサービスに切り替える際に、合意をとるべき人数が多く、スイッチングコストが高いからだ。こうした顧客にとって切り替えが大変な製品やサービスを「スティッキー（粘着質な）」と表現したりする。

B2Bビジネスにおいて、各ステークホルダーの視点を正確にとらえることがことさら大事なのは、スティッキーな事業を成立させ、持続性の高い事業が望めるからでもある。その「視点」こそが、実はジョブなのである。利用者は何かしらの業務を効率的に進めたいだろうし、購買担当者は、有利な取引を求める。ITシステム部門などの管理部門は、購入後の管理や運用について重視する。そして経営トップは、総合的な投資対効果を重視するだろう。

B2Bビジネスは、購入に関してステークホルダーが多いこと以外にも重要な特徴を持っている。それは「顧客数が少ない」という点である。ターゲット顧客が少ない場合、試行錯誤に許される回数も少ない。

そのため、**初期仮説のレベルを高めるアプローチがより重要**になってくる。遠回りに感じるかもしれないが、潜在顧客へのアプローチを行うたびに、ステークホルダーの役割とジョブを整理し、異なる価値提案を行うことが非常に有効である。

トライ&エラーの回数制限があるB2Bビジネスでは、会社ごとではなく、会社内の各ステークホルダーのジョブを個別にとらえたい。まずは、ステークホルダーを4分類し整理してみよう。

ユーザー　直接製品を使う人
受益者　製品から便益を得る人

テクニカルバイヤー　商品選定をする人
エコノミックバイヤー　支払いをする人

例えば、オフィスプリンターのユーザーは、書類をプリントアウトする従業員である。また、その従業員は受益者を兼ねることも多い。もし自分では印刷作業をせずに、秘書に資料の印刷を求める人がいたら、ユーザーではないが、受益者となる。テクニカルバイヤーは、どのプリンターが適しているかを助言し、技術的な評価を行い、エコノミックバイヤーは予算を持ち支払いの手続きを行う表面上の「顧客」である。エコノミックバイヤーは予算を持つため、課長や部長といった肩書きがついていることが多い。オフィスプリンターの場合には、会社によっては購買部長であったり、総務部長であったり、各部門がそれぞれの予算で購入することもあるだろう。

4種類のステークホルダーは兼務していることもあるので注意したい。小さな企業であれば全役割を1人で担っていて、実質的にはB2Cに近いことは前述したとおりだ。逆に大企業であれば、テクニカルバイヤーが複数人いて、委員会のようなかたちで合意を取るケースもある。

課長、部長、事業部長と、上の階層にいけばいくほど決済金額は上がっていく。製品価格が数億円するようなものであれば、経営幹部の決定が求められるだろう。そうなると、経営レベルのジョブを解決しなければ取り合ってはもらえない。逆に、金額の安いものは実務レベルのジョブを解決することが必要になる。ステークホルダーが少なければ少ないほど意思決定も早くなる傾向を持つ。

重要な順に各ステークホルダーの代表的なジョブを挙げていこう。

【組織のジョブ】 事業戦略や組織のミッションに関連する課題

【エコノミックバイヤーのジョブ】 組織のジョブの責任者（であることが多い）の職務上のジョブ

【テクニカルバイヤーのジョブ】 エコノミックバイヤーを技術面で補佐する人の職務上のジョブ

【受益者のジョブ】 製品のアウトプットを受け取る人たちのジョブ

【ユーザーのジョブ】 製品操作上のジョブ

まったく同じ商品も、法人向けと個人向けで異なるプロセスになることがある。例えば、法人向けでは、見積書を発行し、商品に納品書を添付し、請求書も発行し、後日振り込まれた金額を確認する一方で、個人向けの場合は、一括でクレジット決済後、発送するだけだったりする。この違いは、エコノミックバイヤーが求める「会社の規定どおりの取引を行いたい」というジョブに応えるために発生しているものである。売り手がB2Cと同じ手続きを顧客に強いたなら、取引が成立しないケースも多いだろう。

要するに、いくら製品やサービスがユーザーに気に入られても、他のステークホルダーのジョブに応えなければB2Bビジネスは成立しない。そして、こうした原則は初期仮説に入れておく。なぜなら**試行錯誤の回数があまり許されないのがB2Bビジネス**だからだ。

既出のアイデアが失敗するとは限らない

出された事業アイデアに対し、すでに世の中に存在しているからといってダメ出しする人もいるが、決してダメではない。フェイスブックはミクシィやマイスペースよりあとにできた後発のSNSだったが、ご存じのとおり世界に広がった。現在では月間約30億人が利用している。

検索サイトのグーグルが登場したときには他の検索サイトがいくつか存在していた。ただ、グーグル検索は既存の検索サイトが見落としていたトレンドとユーザーの希望に応えたという違いがあったのだ。グーグルがとらえたトレンドというのは、個人によるブログのようなサイトの急速な増加である。インターネット黎明《れいめい》期は回線もサーバーも非常に高価で、研究機関や大企業によるホームページが大半だったが、回線やサーバー費用が低下するにつれ個人サイトも増え、信頼できないサイトも大量に増えていた。

それまでの検索サイトは網羅性を重視し、関連するキーワードを含むサイトをすべて表示していた。その結果、検索者の意図に反して無関係のサイトや信憑《しんぴょう》性の低い情報を掲載したサイトが多数表示されるようになっていた。そしてほぼ同時期に、大企業や公式機関はタイムリーに情報発信をするメディアとしてインターネットの活用を高めた。

となると、ユーザーとしては、すばやく正確な情報を得る手段として、電話に取って代わってホームページを見るというのは自然の流れとなった。インターネットは発展し、得られる情報の量は増えている。一方で、ユーザーが正確な情報を得たいというジョブおよび阻害要因が増えていたという事業機会をとらえたのがグーグルなのだ。

類似のアイデアがすでに存在していることには、メリットもある。まず、ターゲットユーザーがはっきりする点だ。類似品の利用ユーザーが存在していれば、彼らにとってさらに優れた体験とは何かを、定義しやすくなる。つまり、製品やサービスの改良がしやすくなる。

競合の弱点を意識した戦略も立てられる。ヤフーのディレクトリ型検索エンジンでは、新しいサイトが登場するたびに、人の手でそのサイトを分類し、登録する必要があった。そうなると、どうしても検索サイトの更新頻度が落ちてしまう。その欠点をAltaVista（アルタビスタ）は自動的にサイトを巡回する手法で改善した。

だが、全文を検索して網羅的に検索可能にしたことで、ユーザーが探したいサイトが埋もれてしまう。一方、グーグルは過去の検索エンジンが苦手にしていた優先順位付けとタイムリーな情報提供を重要な戦略とした。とにかく自動的にすばやく巡回でき、被リンクが多く、信頼できる（と思われる）サイトを優先的に表示する技術に磨きをかけ、広告などの収益面は後回しにした。

当時を知らない読者のために補足すると、そのころ検索エンジンとして利用されていたヤフーやAltaVistaは決してマイナーではなかったし、他にも検索エンジンは存在していた。非常に強い既存業者が存在していた中でも、グーグルは勝つことができたのだ。

すでに類似のアイデア、しかもあまり知られていないマイナーなものが存在しているからといって悪いアイデアであると却下するようなケースを見かけるが、既存解決策が弱ければ余計にチャンスはあると言える。顧客体験を超えるサービスを提供しやすくなる上に、弱点を突いた戦略を立てられるからだ。

もう1つ例を挙げよう。「ヤマップ（YAMAP）」という登山アプリがある。携帯電話の電波が届かないところが多い山の中でも、オフラインで地図が見られるアプリだ。登山用に限らず、地図をダウンロードするサービスは多数あったにもかかわらず、登山者にはあまり利用されていなかった。だがヤマップは、「登山で道に迷いたくない」「安全に登山がしたい」というジョブに応えるサービスとして、「登山届」をオンラインで提出できるようにしたことで大きく普及した。

登山届とは、登山計画書、入山届とも呼ばれ、万一の遭難に備え、登山の計画を地元の警察や山小屋などに知らせる制度である。届け出をしておくことで、遭難して連絡ができなかったとしても計画からおおよその場所を推定することで、救出されやすくなる。

ただ、登山届はフォーマットも決まっておらず、初心者には提出先がわからなかったり、提出する習慣がなかったりする。そこで、ヤマップはこの登山届をオンラインで簡単に提出できるような機能を加えた。それにより、警察や自治体、山小屋などもヤマップを推奨するようになり、登山家のあいだで広がったのだ。

「新しい事業」を作ろうとすると、**「目新しいアイデア」を探しがちだが、大切なのは**

「未解決の課題」を見つけることである。

「新規事業開発室」が新設され、人が集まると、こうした「目新しいアイデア」を探してしまうのが人の常である。無意識のバイアスに引っ張られることがないようにしたい。

一次情報を重視する：調査からアイデアは生まれない

「市場調査やマクロ調査をいくら行っても新しいアイデアが生まれないのです」と相談を受けることは珍しくない。調査会社や調査レポートにお金を使い、トレンドのキーワードを追いかけたところで、何ひとつピンとくるアイデアが生まれなくても当然である。レポートに記載されているようなアイデアはしょせん二番煎じではないかと社内で批判を浴びることもあるだろう。

情報には一次情報と二次情報とがある。一次情報というのは、自らが直接見聞きした情報、二次情報というのは、一次情報が加工され、まとまったかたちで提供された情報を指す。調査レポートや新聞記事などは二次情報である。二次情報とは、言い換えれば伝聞であり、誰もが入手できる内容である。

長年組織内で働いていると、二次情報のほうが客観的でまとまっていて、一次情報は偏りのある主観的な情報として価値が低いものだという感覚を持つようになる人が多いのではないだろうか。

だが、その考えは新規事業のアイデア創出に関しては誤っている。というのも、自らの手で集めていない情報、第三者がまとめたような情報からは独自のアイデアが生まれるはずがないからである。さらに加えると、**二次情報を読み、理解する作業と、創造的にアイデアを創出する作業とは性質が相当異なる。**市場情報をいくら整理し、理解できる情報処理能力を持っていたとしても、そこから取り組むべき課題を決断し、解決策を生み出す力とは無関係である。いくら市場調査を行ってもビジネスアイデアに近づかないのだ。

マクロな市場調査は、大きな方向性を定めるためだと割り切って行うのがよいだろう。例えば、幼児教育事業を行うなら、出生率が高く、家計に占める教育費が伸びている国を探し、その国の教育制度についても下調べを行うのだ。そのような調査をもとに、実際に訪問し、未解決のジョブを探すなどの一次情報を取りに行くのが効果的である。

一次情報だけでジョブを探索していたら、時間がいくらあっても足りないが、マクロ調査で絞り込んでおくと見つけるまでの時間を大幅に短縮できる。

市場調査は戦略的に領域を定めるためだと割り切って実施しないと、いつまで経ってもきっかけはつかめない。

ビジネスモデルから始めない

伝統的な企業の多くは、失われた20年や30年と呼ばれてきた低成長の時代から一気に脱却を図るため、海外で誕生した新たなビジネスモデルに活路を求めた。フリーミアム、サブスクリプション、ロングテール。これらのキーワードは、容易に収益性が高まりそうな魅惑的な響きがあるのも確かだ。

だが、日本にも定期購読や特別対応、初回無料などの概念は実のところ昔から存在していたものだし、実際にビジネスモデルを変革するには、膨大な慣性に抗う力業が求められる。そうして安易にビジネスモデル変革に飛びついた企業は、社内の抵抗勢力に対峙《たいじ》するはめになり、たちまち既存事業の構造を変える大変さを痛感することになる。

デジタル・トランスフォーメーション（DX）も似たことになりつつある。既存ビジネスの単なるデジタル化ならまだしも、本当にスマートにしようとすれば既存ビジネスにメスを入れざるを得ない。トップによるかなり具体的な関与が必要であり、小手先の課金方法を変えるイメージからは程遠い。

「抵抗勢力」は、実は目に見えない敵であることが多い。なぜなら、**新しいビジネスの進め方に抵抗するのは、人ではなく「習慣」や「文化」**だからだ。私たちが支援するプロジェクトの成功例ですら、いくつもの習慣や文化を意識的に乗り越えている。

新しく革新的なビジネスモデルが描けたとしても、それはあくまでも入り口である。業務マニュアルに落とし込み、さらに具体化したところで、すぐに組織は変わらない。それもそのはず、日々の業務において、マニュアルを読みながら行っている人はいないからだ。大半の業務は、前任者から直接やりながら引き継いだり、習慣に則ったり、上司や同僚と都度相談しながら行われている。

ビジネスモデルの大部分は、見えないルールや習慣、組織の文化など変えにくい要素が占めていることを私たちは忘れがちなのだ。

社会課題はヒントになる

国連がSDGsを掲げて以来、社会課題から新しいビジネスを考えることが奨励されるようになった。それ自体は悪いことではないが、ここにもひとつ落とし穴がある。問題の「当事者」がないがしろになってしまうのだ。

地球温暖化を例にとると、地球全体としては大きな問題である。だがこれだけでは、具体的に「誰か（顧客）」が「何かをしたい（ジョブ）」という事業として取り組める課題にはなっていない。あえてブラックな言い方をすれば、気球温暖化とは多くの人にとっては「自分以外の全員が我慢してくれれば……」「みんなで少しずつ配慮すれば……」という無責任な願望と言ってもいいような問題なのだ。

プラスチック・ストローや買物袋のような制限を政治家が決めるまでは、市民ひとりひとりのマナーや配慮、努力義務といった具合に、非常に弱いジョブでしかない。しかし、その弱いジョブは法律やルールの制定によって義務化が決まれば、ひとりひとりが守らなければいけない義務という強いジョブに変わる。

以前、オゾンホールの悪者としてフロンが規制されたことによって、各家電メーカーは代替フロンを用いたエアコンや冷蔵庫をこぞって開発し、猛烈な開発競争が生まれた。その結果、今ではオゾンホールも修復されたという。もし仮に国際規制が導入されなければ、ほとんどの消費者は冷媒の種類ではなく、価格や性能などで選び続けていたに違いない。もちろん、一部の「配慮がしたい」消費者にとっては重要な選択肢となるに違いないが、残念ながらオゾンホールが消えるほどの効果は生まなかったはずだ。

想像してみてほしい。国際規格が誕生せず、「フロンを減らせる」というクーラーボックスが冷蔵庫の代わりとして売り出されたらどうだったろうか。少なくとも大きな事業になるとは考えにくいし、アイデアとして発案された際に、応援の声が多数集まったとは思えない。声を上げたりチャレンジしたりした勇気に対して賛同や共感は得られるかもしれないが、そうした応援もしだいに絶えてしまっても不思議はない。

では社会課題に取り組むのは無駄かと聞かれれば、決してそんなことはない。前述したように、**社会課題というのは社会が進化する過程で顕在化した新たな問題**を指している。こうした新しい問題には、間違いなく新たなチャンスが眠っているものだ。そのチャンスをつかむには、問題の当事者であり、強いジョブを持つ顧客を特定することが大きなカギとなる。

フロンによるオゾンホールの問題以外にも、**「みんなの問題」が「誰かの問題」になったことで大きく進展し、イノベーションが生まれた**例は多い。

電子機器に多く使われる「はんだ」もそのひとつだ。はんだが環境汚染や健康被害の原因となることから、ヨーロッパでRoHSという制限が設けられた。この制限が施行されることで、鉛《なまり》を含まないはんだの開発が一気に進み、現在ではこの鉛フリーはんだが利用されている。

1970年に米国で厳しい排ガス規制（マスキー法）が制定されたことで、日本車が大きくシェアを伸ばしたのも同様の事例だ。自動車の排ガスが環境に悪影響を与えていることは、消費者もメーカーも知る公然の事実であった。だが、アメリカの消費者は力強いエンジンを持つパワフルな車を手ごろな価格で求めていた。

他方、アメリカの自動車メーカーはすでに市場で成功している大きなトラックのような乗用車を小型化したり、排ガス対策を施したりといった投資には消極的だった。マスキー法の制定によって、各自動車メーカーは排ガス対策を余儀なくされ、小型エンジンを強みとする日本車に軍配が上がった。

貧困や飢餓《きが》、教育など多くのSDGsの社会課題は、当事者がどうしても不利な立場に置かれている。そのため、既存事業のような強い購買力はすぐには期待ができず、事業化は非常に困難に感じるかもしれない。

しかし、誰が当事者なのかをしっかりと観察すると、ヒントが見つかることが多い。先述のように、関連する政府や国際機関、業界団体は黙って見ているわけではない。そもそも、**SDGsは国連という「当事者」が公報しているジョブ**なのである。さらには、規制やガイドラインなどが制定される前から、さまざまな動きもある。慈善団体も社会課題の当事者だ。ビル&メリンダ・ゲイツ財団は、温暖化など地球規模に存在する「みんなの問題」に取り組むことを仕事にしている巨大な慈善団体である。

社会課題に取り組む際には、このような当事者を含めて課題をとらえると具体的になる可能性がある。

アイデアをモノにする3つの主体性

新規事業を増やそうと、アイデアを出すように呼びかけても、上司の命令に沿った無難なアイデアばかり提案されるケースを多く見てきた。

単に数多くアイデアを出すだけだとしても、普段とは異なる行動を取り、通常業務の枠を超えた活動を促したい。さらに質まで求めるならば、これまで見てきたように、新たな課題を発見し、それに対する解決策を調べるなり見つけるなりの行動が必要となる。

アイデアに留まらず、事業化しようというなら、もっとイレギュラーな行動を取ってもらう必要がある。既存業務で忙しい他の部署の協力を仰ぐことも必要となるだろう。

そんなときは、通常業務に抗った動きが求められる。たとえ上司側が「自由に」新しい事業を推進してほしいと思っても、推進する本人にしてみれば、足かせだらけの不自由だったりするものだ。

発案者の主体性を刺激し、新規事業の立ち上げに積極的に取り組みはじめるには、以下の3つが主なきっかけとなる。

○実現可能性（できそう感）

具体的にイメージが湧き、「成功しそう」だという気がすると推進力は高まる。ゴールのイメージだけでなく、つくり上げる途中のイメージも持てるとより強力だ。どのようなイノベーションも、最初は不可能だと思われることがしだいに可能になるわけだが、最初に「可能」だと感じるのは、アイデアを出した本人であり、チームである。

○取り組みがい（成功したら大きく報われる）

プロジェクトが成功することで明るい未来が想像できるなら、人は前向きに取り組める。提案したところで何も変わらない、新規事業にトライしても何も得るものがない、と感じられれば、事業のタネも死んでしまう。

○使命感・自律感（天職感）

新規事業の醍醐味《だいごみ》のひとつは、ごく少人数で「何か」を決め、つくることができる点にある。その「何か」が好きで、さらに個人的に情熱を抱ける対象だと、強い動機を持つようになる。既存事業に従事していると、「事業に貢献している」とひしひし感じられることはそう多くないが、新しい領域においては、世界で自分1人しか知らない、またはできないと感じることも出てきて、「天職」だと感じるほどの使命感を持てるようになる。

私たちの経験上、ゼロから新しい事業を立ち上げてみたいと考える従業員は案外多い。

一般に、新しいことに取り組み、ゼロから企画し立ち上げることはワクワクする仕事であり、憧れの対象だ。一方でやり方も決まっていない、結果が出ないかもしれないという覚悟も同時に必要な難しい仕事でもある。

主体性を引き出す仕掛けも重要になると覚えておいてほしい。

章のまとめ

■アイデア発想には一定の制約を設ける

■アイデア発想は、会議室などで思いつくものではなく、一次情報に触れることが必要

■目新しいアイデアを出そうとせず、解像度の高い顧客課題に基づいたアイデアを出すこと

■社会課題、マクロ環境などは事業成功には必要。と同時に、顧客のジョブを解決するという具体性がないと、新規事業を始めるのは難しい

■新規事業に着手するためには、社内起業家の主体性を引き出し、尊重することが重要

コラム2

ビジネスアイデアは顧客に聞くべきか？

20世紀初頭に世界で初めて量産型の自動車、T型フォードをつくったヘンリー・フォードは、「もし顧客に彼らの望むものを聞いていたら、彼らは〝もっと速い馬が欲しい〟と答えていただろう」と言ったとされている。

同様に、スティーブ・ジョブズも「人はかたちにして見せてもらうまで、自分は何が欲しいのかわからないものだ」と言ったという。

これら2人の偉大なイノベーターは、顧客の声など必要ないと言う一方で、一般には、「顧客の声」をもっと聞けとのアドバイスが多いのではないだろうか。

いったいどちらが正しいのか迷うはずだ。

実は、顧客に「何を聞き、何を聞かないのか」が大事なのだ。

フォードが発言しているように、「何が欲しいのか？」という質問からは、顧客が連想できるような既存製品の延長線上の答えしか期待できない。つまり、近視眼的で連続的な要望しか得られない可能性が高くなる。

一方で、「何がしたいのか？」「何がしたくないのか？」といった顧客自身についての質問からは、重要な洞察が得られることが多い。

フォードは、顧客に何が欲しいのかを尋ねなかったかもしれないが、「もっと遠くまで旅したい」「馬の手入れは面倒だ」「糞尿の処理に手がかかる」といった声はきっと聞いていたはずだ。

ジョブズも顧客は「何が欲しいのかはわからない」とは言っているが、「何をしたいのかわからない」とは言っていない。

「ソファでリラックスしながらネットサーフィンがしたい」ということをわかっていたからこそ、ｉＰａｄというアイデアを生み出すことができたのだろう。


つまり、優れたビジネスアイデアを発案するには、顧客の観察、さらに顧客から本音を聞き出すインタビューが大事となる。製品についてのインタビューではなく、顧客についてのインタビューである。

消費者向けのインタビューなら、よそゆきのコメントではなく、日常生活を把握するため、毎日のルーチンについて尋ねるのは常套《じょうとう》手段である。Ｂ２Ｂなら、日々の業務サイクルや、成果や達成感を感じるまでのプロセスについて尋ねる。

「どのようなことを望んでいるのか」というジョブについては、顧客を観察し、耳を傾けるしか正確にとらえる方法はない。

しかし、解決策については正確に把握したうえで、解決策を自ら提案するのがイノベーションにつながるアプローチである。

第3章

PSF（プロブレム・ソリューション・フィット）

——顧客は「やりたい事、やらなければならない事」にしかお金を払わない

アイデアをベースに事業を起こそうと動きはじめると、数多くの出来事が起きる。仮説検証は簡単なようでいて、直感に任せると大きな足かせとなる。不都合な想定外の出来事も起きることを予期しつつ、〝ポジティブな想定外〟を逃さないように動きたい。

PSF（プロブレム・ソリューション・フィット）とは、思いついたアイデアが解決策として顧客の解決したいことにマッチしているかどうかを確認した状態のことを指す。つまり、顧客を中心にその課題を把握する活動と、解決策の具体性を高める活動の両面を進めることになる。

ターゲット顧客、顧客のジョブ、解決方法という3つの変数が曖昧な段階から、実現性も含めて定まったレベルにするのがPSFへの道筋である。

この最初のステップは、抽象的で手応えを感じにくい。そのため、多くの罠が潜んでいる。

顧客インタビューに効率を求めない

PSF(プロブレム・ソリューション・フィット)に際し、アイデア検証のためアンケートをとるチームがあるが、あまりお勧めできない。アンケートでは、想定した質問の、想定範囲内の回答しか受け取れないからだ。それならば、極力対面のインタビューを行ったほうがよい。インタビューはチームで手分けせず、ひとりひとりの顧客候補の意見を大切に拾うことがこのフェーズでは重要だ。

顧客について想定しているイメージというのは、あくまでも想像にすぎない。実際に数人でもインタビューすれば、いかにそれまでの想像が貧弱だったのかに毎回気づかされることになる。**顧客について唯一断言できることは、「知らないことがある」という事実**である。

顧客インタビューは2人以上で行うのがカウンターな行動である。1人がアイデアの仮説を説明することに一所懸命になってしまっても、もう1人が顧客の反応や回答を冷静に感じることができる。
以下のポイントを意識してインタビューすることが、PSF化に向けて有効だ。

・ラポール（信頼関係）を築き、相手が話しやすい雰囲気をつくる
・インタビューの目的を伝え、協力をお願いする
・対象者にとって、想定している課題が存在しているかどうかを尋ねる
・存在しているなら、
↓なぜその課題が発生しているかの背景を聞く
↓課題が発生することによってどのような影響があるのかを確認する
↓課題への対策として現状行っていることを聞く
↓アイデアを説明し、課題解決になりそうか意見を聞く
↓アイデアに対して質問されたら、答えると同時に質問した背景を尋ねる
↓本来ならどうあってほしいかの願望を聞く
・存在していないなら、
↓似たような状況が起きていないか、周辺の課題を聞く

↓課題を抱えているような人を知っているかを聞く

このように、非常に多くのコミュニケーションを同時に行う必要がある。インタビュー対象者にとっても、多くの情報を処理しきれないかもしれないし、愛想笑いですませたくなるかもしれない。そんなときには、表情や身振り手振りといった非言語サインも重要な情報源となる。記録することに気を取られて、そういった表情を見逃すのは、とてももったいない。

シリコンバレーで世界初のアクセラレーター、Y Combinator[5]を創業したポール・グレアムは、スタートアップについて「Do things that don't scale（非効率で再現性の低いことをしろ）」と言っている。つまり、スタートアップのうちは、量をこなすことよりも、深く、泥臭いことを行うのが大切だと説いているのだ。

スタートアップ・プロセスのゴールであり、再現性の高いビジネスモデルの獲得を意味するPMF（プロダクト・マーケット・フィット）を迎えれば、急速にスケールさせる必要

5　創業直後のスタートアップに投資を行い育成を行う同社のプログラムの卒業チームには、Airbnb や Dropbox など数々のユニコーンが存在する。

がある。その勝ちパターンを見つけるには、深く顧客を知るための見る目や聞く耳を増やして、顧客インタビューに臨むのが有効だ。**アイデアを検証するというより、「顧客に興味を持って接する」**のが、ＰＳＦまでの心構えに近い。

外向性はマストではない

アイデア発案後、ＰＳＦに向けて顧客候補に会いに行く際、研究者やエンジニアの中には怖さを感じる人もいるかもしれない。

しかし、普段から社交的でなく、内向的なタイプだからといって、起業家、社内起業家として不向きだというわけではないから安心してほしい。外交官のように誰とでも仲良くしたり、友人知人を増やしたりすることが目的ではなく、事業立ち上げを目的としたコミュニケーションが取れれば問題がない。

ビジネスアイデアが世の中に広がり普及するには、他者との出会いやコミュニケーションが不可欠である。コミュニケーションを通じて、アイデア自体がより洗練され、改良されることもよく起きる。そのコミュニケーションも、意図的なものもあれば、セレンディピティと呼ばれるような、偶然に近い出会いも数多く発生する。

内向的な人は、自分の専門分野や興味のある分野については熟知していることが多く、テーマ次第で饒舌《じょうぜつ》になるものだ。実際、相手も同じように内向的であることは多く、情報収集や交流を行うという点では、内向的な人も決して外向的な人と引けを取らない。同じような研究を行っている者同士で情報交換が盛り上がり、その関係が長期にわたることも決して珍しくない。**関係性をつくるためには、外向性よりも情報量が大切となる。**

PSF、そして事業立ち上げのきっかけとなる出会いには以下のようなものがある。

・事業を共に推進してくれる仲間
・1人目の顧客
・業界のキーオピニオンリーダー（KOL）など、有力な応援者、広告塔
・経営支援やコーチングをしてくれるメンター
・事業パートナー

自らの性格や既存の人脈量によって向き不向きを決めつけてしまう前に、ビジネスアイ

デアを持って外に出てみてほしい。きっと予想以上、期待以上の出会いが待っているはずだ。

アイデアは話しても盗まれない

アイデアの検証を始める際に躊躇《ちゅうちょ》する理由のひとつが、「話してしまうとアイデアを盗まれるのではないか」というものだ。だが、良いアイデアほど実現するのは難しい。聞いただけでマネできるようなものは早晩マネされるし、きっと過去にも思いついた人がいるはずだ。にもかかわらず解決策が存在していないとすれば、重大な欠陥のあるアイデアであるということになる。

優れたアイデアというのは、「そんなことできるの？」と最初は懐疑的とも取れるような驚きをもって顧客から評価されるものだ。つまり、実現するにはノウハウの積み上げが必要で、その積み上げも覚悟もない人が聞いたところでマネをしようにもしようがなかったりする。そのうえ、事業アイデアが優れているだけではダメで、多数のフィードバックを得ながらブラッシュアップし、組織をつくり上げ、協力会社との関係もつくり上げるなど数多くの工程を経て初めて、成功と呼べるのだ。

それを考えれば、**生まれたばかりのアイデアは全体のいわばほんの些細な一部でしかない**。その熱意も動機もない人にとっては、マネをしようとすら思わないはずだ。

実は、アイデアを明かすことへの抵抗には、無意識に別の理由が隠れていることが多い。それは、否定されることへの恐怖である。誰だって、拒絶されたり無視されたりすると傷つくものだ。根底にある「見向きもされないのではないか」という恐怖を、「話したらマネされるかもしれない」と正当化してしまうのも、ある種、人間の自然な防衛反応かもしれない。

特許出願前にアイデアの話をすることへの抵抗も似たような防衛反応が多分にある。冷静に考えれば、特許はあくまでも技術的な実現手段に関するものだ。特許の内容に触れずに、顧客からの反応を得ることはさほど難しくない。

この段階では、技術的な話を潜在顧客とする必要はなく、あくまでも課題の存在や新しい解決策について確認できればよいのである。

仮説が否定される精神的なダメージは、発案者にとってこたえるものだ。この防衛反応を知っていれば、早めに顧客からフィードバックを求めるという少数派の行動を取り入れやすくなる。

選抜チームより〝巻き込む〟チーム

PSFに向けて動きはじめるときに、1人より2人、2人よりも数人のチームのほうがいいことは確かなのだが、各部署のエースを寄せ集めてひとつのチームに入れても機能するとは限らない。むしろやってみると、予想に反してかえって機能しなかったりする。というのも、選抜されたエースはそれぞれの出身部門の機能に特化しており、売るものもつくり方も決まっていないような場面ではとまどいがちだからである。

既存ビジネスモデルの運営能力と、新しいビジネスモデルの構築能力にはあまり相関がない。そのため、新規事業のチームに入ることでエースからエースらしさが急になくなってしまうことがある。特に専門性の高いスキルしかないようなメンバーは、プロジェクト初期で非常に苦労する。喩えるなら、各ポジションから優れた野球選手を選んで、サッカーチームをつくるようなものだ。

とりわけ、優秀な技術者と優秀なビジネスマンとを組み合わせれば、優れたチームになるという期待をしたくなるが、ビジネスモデルが曖昧なうちにこれをやっても、チームは機能しない。この時期は、**ビジネスの経験やスキルではなく、ビジネスを「つくる」スキルや経験が求められる**のだ。

「チームビルディング」という言葉は、新しいチームを組成したときに、短時間で機能させるような活動を指す。したがって、補強メンバーを単に連れてくるだけではチームビルディングとは呼べず、メンバー自らがチームとして行う必要がある。

全員で目指すゴールを共有しつつ、お互いの役割を臨機応変に対応させながら、仮説検証を進めるチームをつくることが理想だ。

遠回りに感じるかもしれないが、1人、2人の発案者を中心とした初期メンバーに、思いやビジョンを共有できるマルチな「何でも屋」のメンバーを徐々に増やしていくことが近道となる。もちろん、たまたま思いを持ったメンバーに高い専門的なスキルも同時についてくるというのなら申し分ない。だが、専門職をチームに招き入れるのは、PMF以降でも問題ない。

人数についても、スタートアップ期間中は最大でも10人までに留めておくのがいいだろう。10人というのは、アマゾンの「2枚のピザ」ルールにもマッチする。このルールは、チームのメンバーはピザ2枚を分け合える程度の人数がいいというほかに、夜食を一緒に食べるような関係が望ましいという意味も内包している。
つまり、少人数で密なコミュニケーションを取り、チームとしてPSFを目指したい。

技術への反応は真に受けない

汗水たらして開発した技術をプロトタイプとして世の中に初披露すると、予想以上の賞賛を得ることになるだろう。長い時間をかけて研究や開発を行ってきたなら、このようなポジティブな評価は天にも昇る気持ちになるものだ。だが、喜んだとしても、ある程度冷静に見たほうがいい。なぜなら、その賞賛は技術開発そのものを讃《たた》えたものであることが多いからだ。

ものづくりは難しい課題であり、何かが完成しただけでも賞賛は得られるべきだ。開発成功にたどり着くのは本当にひと握りで、途中で諦める人も珍しくない。しかし、技術的な成功は全体の道のりのごく一部でしかないことも事実である。事業の成功が本当の目的なら、技術への称賛と、価値の評価は異なることを心得たい。

実際、一時期チヤホヤされたとしても、目新しさを失ったとたん、高価な道楽という評価になってしまった技術は多数存在する。

セグウェイや自動衣類折りたたみロボットがメディアに取り上げられたことは記憶に新しい。だが、実用性や必要性と、その価格とを天秤にかけたとき、ほとんどの人は使い道のない技術という評価を下し、静かに距離を取った。チヤホヤしていた人たちは、「見たこともないネタ」を話題にし、ニュースにしていただけなのだ。

苦労してつくったものに対する他者からの評価を冷静に受け取ることは精神的に辛く、自然にできることではない。それでも、成功するチームは希望的観測に負けず、称賛の中から顧客のニーズや不満を拾い上げ、解像度を高めている。

物珍しさも一時期を過ぎると落ち着いてくる。**興味関心のボーナス期間は、顧客や顧客候補からフィードバックを得るためのボーナス期間**でもある。うまく利用し、スピーディーにPSFを達成したい。

市場規模調査はあてにならない

ビジネスアイデアを得ると、次に「市場規模」を調べたくなる人が多い。ネットや調査会社に依頼し、時間をかけて調査を行ったとしても、この数字はあまりあてにならない。どのような新商品も、売れるまでは市場規模はゼロだからだ。

例えば、テスラが現れる前の電気自動車市場はほぼゼロに近かった。仮にガソリン車が占める自動車市場のわずか1%でもシェアを獲得できれば、当時の電気自動車にとっては大きな弾みがつく大きな機会となる。しかし、今後何%のシェアを占めるようになるかを正確に予測しようとしたとしても、たいした根拠は得られなかったりする。

調査会社が発表するシェアの予想もたいていは憶測がベースになっている。複数の専門家から意見を聞き、その平均のような数字を発表するのだ。専門家同士の予想を比べると、市場の黎明期であればあるほどバラつきは大きく、数倍もの開きがあるのは珍しくない。

さらに加えると、市場規模がどれだけ大きかろうと、その市場機会をとらえられるかどうかとは無関係だ。例えば、SNS市場が大きいからといって、新たなSNSを立ち上げれば成功しやすいと言うのは無理がある。市場規模が示しているのは、「成功したときの」潜在的なタラレバの事業規模である。

市場の規模に惑《まど》わされず、目の肥えたシリコンバレーの富裕層の「次世代のクールなクルマを乗り回したい」というジョブを発見し、解決策を提供したテスラとイーロン・マスクは見事だ。マスクの住むシリコンバレーには、富裕層が多く、彼らはもっとクールな生活をしたがっていた。「クールな」というのは、嫌味にならず、ほどよく自慢できるような格好良さであり、暮らし方である。

そこで、マスクはヨーロッパ車のデザインを取り入れ、先進的なソフトウェアを電気自動車に搭載することにした。IT業界の成功者が多いシリコンバレーでクールになるには、排出ガスがないことだけでなく、先進的なソフトウェアを搭載していることも重要だ。

他方の電気自動車の欠点である航続距離や充電設備については、最初から完璧を求めず、近所を乗り回せることから着手すると同時に、ショッピングモールなど人が集まる場所の便利で目立つ駐車スポットを買い上げ、充電設備を設置することで購入者のプライドをくすぐった。

このジョブは、シリコンバレーに限らず、世界中の富裕層に共通していた。テスラ以外に解決する手段がないことで、世界中でテスラを買い求める市場が生まれたのだ。一般的な市場規模調査にはさほど意味がないが、**強く、未解決なジョブが世界でどれくらい発生しているのかを調べる**ことには大きな意味がある。

顧客は必ずしも優れた性能や機能を求めていない

仮説検証を行っていると、発案したアイデアが顧客に必要とされていないことに残念ながら気づいてしまうときがある。だが、私たちは自分で出したアイデアが否定されたと思いたくない。そのため、情報を歪曲し、都合よく受け取ってしまいがちなので注意したい。歪曲の先に起きるのが、「試作品をつくらないと、すごさが伝わらない」「試作品をつくったとしても性能や機能が不足している」と考えることである。

もしイーロン・マスクが富裕層ではなく、大衆向けの電気自動車を最初に狙っていたなら、きっと「航続距離が短くて買う気になれない」「充電設備が……」「充電時間が……」といった反応が多数あったはずである。そして、その反応を真に受けていたなら、1台も出荷しないうちに、大衆向け電気自動車の航続距離を延ばしたり、充電設備に投資したり、高速充電技術に投資をしたりと、膨大な開発費と開発期間を必要としていたはずだ。そのようなことをしていたら、2003年に創業したテスラモーターズが、2006年に最初のモデルを発表し、そのわずか2年後に生産開始にこぎつけることは不可能だっただろう。

「発想はいいけど、完成度が……」と、製品の完成度が低いことを言い訳に自らのアイデアを擁護《ようご》することは、顧客の反応とは裏腹に研究や開発を進めることにつながる。

もちろん、実際に性能不足であることもあるが、多くの場合、解決策が大げさすぎて顧客の状況にマッチしていないケースのほうが多い。

ユーザーにとって、解決策が使いこなしにくく感じられたり、オーバースペックだったり、過剰品質だったり、わざわざ使うには時間がかかりすぎたり、そもそもが、わざわざ新しい製品を購入するほどのたいした問題でもなかったり。テスラユーザーを例に挙げれば、よほどの富裕層でもない限り、「クールに見せる」ためだけに車など購入しないのだ。

優れたアイデアは顧客の問題を解決するだけでなく、顧客の状況にマッチしている。現実の顧客にとっては、現実的な解決策しか興味がないのだ。

PSFを目指す際、顧客の状況にマッチしているかどうかを以下の4つの視点で検証してみるとよいだろう。

①お金　顧客にとって経済的な負担が適切か？

②時間　顧客にとって時間的な負担が適切か？

③能力　顧客にとって難易度が高すぎず、求める技量や習熟は適切か？

④アクセス　顧客にとって解決策が手に入りやすく、身近に感じられるか？

みなさんが購入した身の回りのものを見てみると、「性能が一番いい」から購入したものは案外少ないのではないだろうか。限られた情報しかないなかで、あらゆる商品から一番性能のよいものを選ぶのも非現実的だ。

私たちは、性能というよりも「都合が一番いい」ものに囲まれていたりする。だが、売り手やつくり手の立場に立つと、競合や他社より「性能がいい」かどうかを比較してしまうというバイアスに気づきたい。

顧客の「意識の高さ」に頼らない

社会課題から事業を考える際にありがちな思い込みが、「顧客の意欲や意志力を前提」にすることである。いくつか例を挙げると、

・環境破壊を防ぐために、人は資源の有効利用をしたいはず
・二酸化炭素の排出を防ぐため、省エネなものをつかいたいはず
・生活習慣病を防ぐため、健康的な食事をしたいはず
・より健康的になるため、日常的に運動がしたいはず

などである。

人はおおむね自分の健康を気にかけ、地球環境のことも気にかけている。だが、常にそのように行動することは難しい。健康的な食事を心がけていても、お酒や甘いものなどの

ご馳走を目の前にすると、ついつい手を出してしまうのも人間である。だからこそ、生活習慣病のリスクがあるのだ。

地球温暖化や環境破壊についても同様である。わざわざ地球を汚したいとは思っていなくとも、ついつい便利な使い捨て商品を使い、さまざまなものを消費することで満足感を得ている。

「社会課題はヒントになる」でも記したが、仮に消費者がエコや健康を気にかけていたとしても、そのジョブ自体は強くない。だからこそ、しばしば環境破壊のことを忘れて自家用車に乗り、健康のことをいったん忘れて甘いケーキを口に入れる。これは、移動したい、あるいは自分にご褒美を与えたい、といったジョブの前に、環境意識や健康意識が敗れている証である。環境意識や健康意識に限らず、正論を前提にするのは非常に危険だ。

仮に、栄養バランスの高い食品というビジネスアイデアがあったなら、「もっと健康的な食事をしたいですよね？」というインタビューをしてしまいがちだ。ほとんどの人は「はい」と答えるが、だからといってそのアイデアは成功するとは限らない。それどころか、失敗したときに顧客の「健康意識」の欠如が失敗の原因だったという言い訳をすることになるだろう。

健康、教育、環境。**顧客の意識の高さに頼りたくなる課題は、「古くて新しい」という**

共通項がある。

つまり、長いあいだ人類が解決しようとしてきた問題であり、世界中で多くの試みがなされているにもかかわらず優れた解決策を生み出せていない、難易度の高い問題なのだ。したがって、より細かい課題にブレークダウンして解決できるよう原因を分析していくアプローチが重要だ。

「古くて新しい」問題は、幅広く、数多く存在しているが、解決するのが無理だということはない。たとえば、中世と比べ現代の平均寿命が飛躍的に延びているのは、人類が寿命のために意識を変えたからではなく、衛生状態を高め、ワクチンや抗生物質などをひとつひとつ開発してきた結果だ。

不老不死の薬こそまだ登場していないが、身体にまつわる具体的な課題へとブレークダウンし解決してきたから、寿命が延びることにつながった。

このように、夢が大きければ大きいほど、解決に向けより細かくブレークダウンし、解決可能にしていかないといけないというパラドックスに注意したい。

「デザインがいい」は見た目に限らない

2009年にアメリカでサービスを開始したTripIt（トリップイット）というアプリがある。ビジネスマンが出張の日程を管理するためのものだ。たったそれだけ、と思うかもしれないが、出張管理をする、ということをとにかくシンプルに解決してくれる。

例えば、航空券やホテルをオンラインで予約したとすると、確認番号や領収書がメールで送られてくる。そのメールをまるで個人秘書のようにTripIt宛に転送しておく。すると、送信元メールアドレスを判別し、自分の旅程表が自動で作成され、同僚や家族に共有できる。

「出張管理」といえば予約したデータを再度入力したりフォルダに保存したりと、手間がかかるのが一般的だが、TripItでは、シンプルにメールを転送するだけですむ。フライトの時間や座席番号、ホテルの住所などが一元管理でき、出張を計画するときの手間が格段に減らせるのだ。

出張後も、旅程表を開けば領収書が紐《ひも》づいているので、出張精算をスムーズにすませることができる。出張精算で一番困るのが、領収書をなくすことである。誰だって航空券代やホテル代など、高額な建て替えで自腹を切りたくないものだ。

TripItが出張管理のアプリとして非常に優れている点は、前述したように、届いたメールを単に転送するだけで旅程が組めるというデザインにある。デザインとは、単に見た目だけを指すのではない。出張を計画し、立替精算が完了するまでの一連の操作や体験がシンプルで快適で、美しいのだ。

このように、**顧客のジョブを解決するにはデザインが非常に重要**になってくる。顧客がジョブを解決するための体験全般について把握し、手間のかかる部分や、難しい部分、わかりにくい部分について十分な知見が得られたらPSFは近い。

競合がいないことは案外まずい

ビジネスアイデアを思いついて取り組んでみると、類似商品や企業が見つかる、といった事態は珍しくない。この広い世界、似た発想の人がいても不思議はなく、それまで調べていないだけで似たような解決策が世の中にたくさん存在しているものだ。そのような競合が見つかると、たちまちアイデアが悪かったとばかりに撤回する人も多いが、その判断は早すぎるかもしれない。

競合の存在は、意外と朗報なのである。

大きなシェアを持たない競合が数多く存在している状況を、「市場がフラグメント（断片化）されている」という。市場がフラグメントしているということは、これら競合が提供する解決策が「どんぐりの背比べ」となっている可能性が高い。つまり、何らかの欠点があり、完璧なものが存在しないことを示唆している。

フラグメントされた市場の例として、全国に34万社程度あると言われている、街の不動産屋さんを考えてみよう。

例えば、東京メトロの代々木上原駅前の不動産屋は、渋谷区の近隣マンションを素早く探してくれるかもしれないが、同じ千代田線沿線でも20キロほど離れた足立区北千住のマンションを探そうと思ったら、ベストな選択肢ではなくなる。

また、初めての街で住むところを探したいと考えている顧客にとっては、駅を出て目に入った不動産屋に入るのは少々勇気がいるし、信頼できるかどうか不安に感じるだろう。

このような市場では、顧客課題は局地的に多数発生しているものの、圧倒的な勝利者がいない状態だと言える。その隙を狙った新規事業にはいくつかのチャンスがある。

不動産屋が存在しない駅を見つけることができれば出店のチャンスとなり得るし、存在していても入るのに抵抗があるような店構えだった場合、女性が1人でも入りやすい店があれば、喜ぶ人は多いだろう。同一ブランドで複数の駅前に店を構えれば、見慣れた店構えが入店のハードルを下げることができる。

不慣れな土地にある見慣れた看板は、引っ越し先を探したい消費者にとって安心材料となり得る。このような状況で安定のブランドイメージを打ち出すことができれば、競合が何軒もある駅前に後発で出店したとしても、大きなチャンスになったりする。

一方で、**競合がまったくいない状態というのは、顧客の解決したいジョブが存在していないことを示している**危険がある。PSFのフェーズでしっかりと顧客とそのジョブを捉えない限り、事業は成立しないだろう。

レッドオーシャンだからといって諦めない

レッドオーシャンというのは、前述したフラグメントしている市場と比べるとシェアの奪い合いが激しく、類似したソリューションがコモディティ化[6]した中で競っている状態を指す。フラグメントされた市場では、競合同士の棲《す》み分けがはっきりしているため利益率は高いが、レッドオーシャンでは棲み分けが曖昧なため利益率が低下し、真っ赤で血みどろの競争になる傾向にある。このようなレッドオーシャンに戦いを挑むのは一般には自殺行為だ。

だが、こうしたレッドオーシャンにもビジネスチャンスは存在する。例えば、ペットボトルの飲料水は数多くのブランドが存在し、ほとんど差別化されていない市場だ。しかも「水」だからこそ、これ以上の改良の余地もなさそうである。そんななか、アメリカのLiquid Death（リキッド・デス）は、バーで飲むための特別な缶入りの水を販売し、大成功を収めた。

水自体にはなんの変哲もないが、デスメタル調の缶には髑髏《どくろ》の絵が施されていて、下戸や禁酒した男性でもバーで頼みやすいデザインになっている。酒に強く、それを一気に飲み干すのが「男らしい」というイメージが色濃いバーに入った男性たちのジョブに応えているのだ。同社は創業から3年で1億3000万ドルの売上を達成し、企業価値は7億ドルまで一気に成長した。(7)

リキッド・デスは、レッドオーシャンだと思われた水という巨大市場だからこそ、コンビニなどの主要な売り場での戦いに集中しすぎた大手企業を出し抜いたのだ。レッドオーシャンという現象は、大手企業が生産量や効率を追い求めすぎたために発生する状況である点に立ち返れば、**小さくて軽視されている不遇な顧客がどこかに存在している**ことに気づくだろう。そのジョブを見つけ、優れた解決策を提供することができれば、大きなビジネスチャンスとなる。

6　コモディティとは、差別化されていない一般的な商品を指す。差別化されておらず、付加価値が小さい反面、原油や小麦などのように大量に市場で取引でき、安定した需要と供給が成立する。転じてメーカーや販売元の付加価値が少なくなった商品のことをコモディティ化と言う。

7　https://www.bloomberg.com/news/articles/2022-10-03/liquid-death-water-valued-at-700-million-following-financing?leadSource=uverify%20wall

章のまとめ

- ＰＳＦはアイデア検証というより、量より質を意識し、顧客と顧客のジョブを深く把握する
- アイデア検証のために顧客など外部から意見を聞くことに対して、恐れる必要はない
- 専門スキルよりも、思いを共有できるチームを構築する
- 二次情報よりも一次情報が大事
- アイデアの新しさや、ユニークさよりも、実際の顧客ジョブに応えているかを検証する
- 顧客候補の本音や行動を探り、意識や意見をあまり本気にしない
- 競合のアイデアや過去のアイデアもヒントになる

コラム3

PSFはどうやってわかるのか？

お伝えしてきたとおり、PSFは、思いついたアイデアが「顧客の課題の解決策にマッチしているかどうか」を確認した状態のことを指す。

とはいえ、顧客が解決したいことはたいてい曖昧であるうえ、アイデアそのものも初期の段階では曖昧なことが多く、顧客に尋ねても明確な反応が得られにくいものである。さらに「マッチ」というのも主観的で、何をもってマッチしているのか判断に迷うものだ。

顧客が解決したいこと、解決策、マッチという3つの点についてどのような状態にあると望ましいのか、もう少し詳しく説明しよう。

例えば、「成人式向けに着物写真をAIで自動生成するスマホアプリ」という想像上のアイデアがあったとしよう。このアイデアがPSFした際には、次のような状態へと進化していることになる。

○顧客が解決したいこと＝ジョブが明確

１枚の着物写真をフォトショップで加工し、10着以上の画像にしている実際の女性に出会い、さまざまな苦労をしていることを確認した。

例えば、着付けはお金がかかるうえ、窮屈《きゅうくつ》であり、面倒を伴う。また、丁寧にやさしく着付けを手伝ってくれる人になんとなく申し訳なく思えてきたという。そのため、１枚だけ平凡な着物を着た写真を撮ったのち、色違いや柄違いの着物をフォトショップで加工することにした。

ひとつの柄あたり1時間、トータルで10時間もの時間をフォトショップ加工にかけるほど、異なるバリエーションの着物写真を残したい気持ちがあった。

そこまで強いジョブだということがインタビューを通じて確認できた以外にも、10着とまではいかないまでも、３着ほどのバーチャル着せ替えをしている人が数人いたことを確認した。

○解決策＝ジョブをシンプルに解決する工夫

伝統的で高級な着物を一度は着てみたいものの、何が伝統的で正式なのかについては、自信がないという意見をインタビューで聞くことができた。

信頼できる専門家から正しい着物を勧められたら理想的だという声である。さらに、着物の柄に合わせてメイクも変えてみたいという希望も得られた。

そこから、アプリ上で1枚写真を撮るだけで、自動的に基本の伝統柄と、それにマッチするメイクとが、セットで10種類生成されるアイデアへと進化した。

○マッチ＝顧客の生活動線に解決策を置ける

顧客インタビューや業界の調査より、成人式を控えた女性は複数のウェブサイトを比較しながらスタジオ、衣装、カメラマン、撮影場所などを選ぶことがわかった。

したがって、ウェブやアプリでのサービス提供はマッチしていると言えるだろう。実際にサービス提供時には、SEO対策を行い、検索サイトで目立たせる施策も重要であることがさらにわかった。

PSFはスタートアップ・プロセスの中でも、もっとも定性的で曖昧なマイルストーンである。そのため、多くの社内新規事業がここでつまずくのも理解できる。

特にジョブの「強さ」という観点は目新しく、馴染まないと感じるかもしれない。

もしかしたら、いまから10年もすれば、もう少し客観的にPSFを見極める方法が編み出されるかもしれないが、今のところはジョブの強さ、顧客にとっての解決策のシンプルさ、そしてその2つが融合した解決シナリオの「自然さ」という3つの観点で評価するしかない。

評価方法が曖昧だからといって、それほど心配する必要はない。

なぜなら、PSFすれば、顧客の困りごとや成し遂げたいことが自分事のように感じられ、必要な解決策が文字どおり顧客の立場で「見える」ようになるからだ。

そのため、チームの勢いは増し、大きくプロジェクトに推進力が生まれるだろう。

第4章

ビジネスモデル開発

――勝ちパターンと価値パターンを描く

ＰＳＦを確認し、問題と解決策のセットに確信が持てたなら、継続的に問題解決ができるための仕組み、つまりビジネスモデルを考えたい。

課題解決を通じて収益を得て、持続的に事業を展開する「モデル」を想定しておくことで、規模の拡大に備えるのだ。

アイデアを組み合わせる

「どのようなアイデアも過去のものを組み合わせただけだ」という言葉があるが、ビジネスモデルについても然《しか》りである。ビジネスモデルの各要素から、そのアイデアにマッチする組み合わせをひとつひとつ考えていけば、魅力的なモデルをつくることができる。もちろん、ＰＳＦに到達していればの話ではあるが。

評判のよい商品やサービスがあるにもかかわらず、収益性の高いビジネスモデルが描けないという相談を受けると、私たちは次のように考える。

・顧客は誰か？
・顧客が受け取っている価値は何か？
・価値に対して感謝を感じる瞬間はいつか？
・感謝を感じた瞬間に課金する方法はないか？
・その後も継続的に価値を感じるなら、継続的に課金することは可能か？
・顧客が感じた感謝を次の顧客獲得に活用できないか？
・上記を踏まえ、顧客との接点は自社でやるべきか？　それとも、他の会社に任せたほうがよいか？
・顧客が支払える金額と提供している価値はマッチするか？　不足しているなら、顧客以外の予算の出どころはないだろうか？

これらの問いへの答えが、ビジネスモデルの仮説ということになる。答えは、他の業界や他社の事例を参考にすればよい。

収益モデルの例を挙げれば、建設業では分割払いが一般的である。契約時に一部、そして工期に合わせて分割し、建物の完成時に完納する。半導体の製造装置や高額な検査装置などは、建設業のモデルを流用し、契約時と納品時に請求する契約形態が多い。半導体装置は非常に高額であるだけでなく、顧客ごとの特別な要求もあるなかで受注生産する。そのため、注文に応える時点で、一部の価値を提供しており、受注時の前払いにもお互い納得できる。

ウェブサービスの多くは、テレビやラジオと同じ「広告モデル」と呼ばれる収益モデルを取り入れている。利用者は無料でサービスを利用できるが、同時に広告を目にすることになる。サービス業者は利用者以外に広告枠を販売する。このようなモデルは、利用者が受け身で消費しがちな商品にはマッチする。

最近よく耳にするのが「ダイナミック・プライシング」である。繁忙期のホテルや航空券が値上がりするように、需給に合わせて価格が変動する方式だ。

休日の航空機やホテルは需要が増えるが、供給量は増えないため、価格が上がるのは自然である。

希少なサービスを提供するようなスタートアップにはダイナミック・プライシングは有効である。

ビジネスモデル・キャンバスを活用する

ビジネスモデル・キャンバスをご存じだろうか？　スイスの経営学者アレックス・オスターワルダー氏らが開発した、新しいビジネスモデルを生み出すための便利なツールだ。次のページの図のように、ビジネスモデルを9つの要素に分け、財務面、内部要素、外部要素を1つのキャンバスに描くことで統合的にビジネスモデルを可視化・明確化し、多くのビジネスマンの共通言語へと整理できる、非常に画期的な発明である。

図の各要素を説明しよう。CS（顧客セグメント）は、誰に対して商品やサービスを提供するのか、ターゲットとなる顧客層を指し、VP（価値提案）は、提供する商品やサービスが顧客にどのような価値をもたらすかを記述する。

CH（チャネル）とCR（顧客関係）は、VPをCSに届けるための道筋として並列に描かれている。KP（キーパートナー）は、ビジネスにとって重要な仕入れ先などのパートナーとなる外部資源を指し、KR（キーリソース）とKA（主要活動）には、ビジネスを運

■ビジネスモデル・キャンバス

※INDEE Japanはジョブの枠を加えて利用する

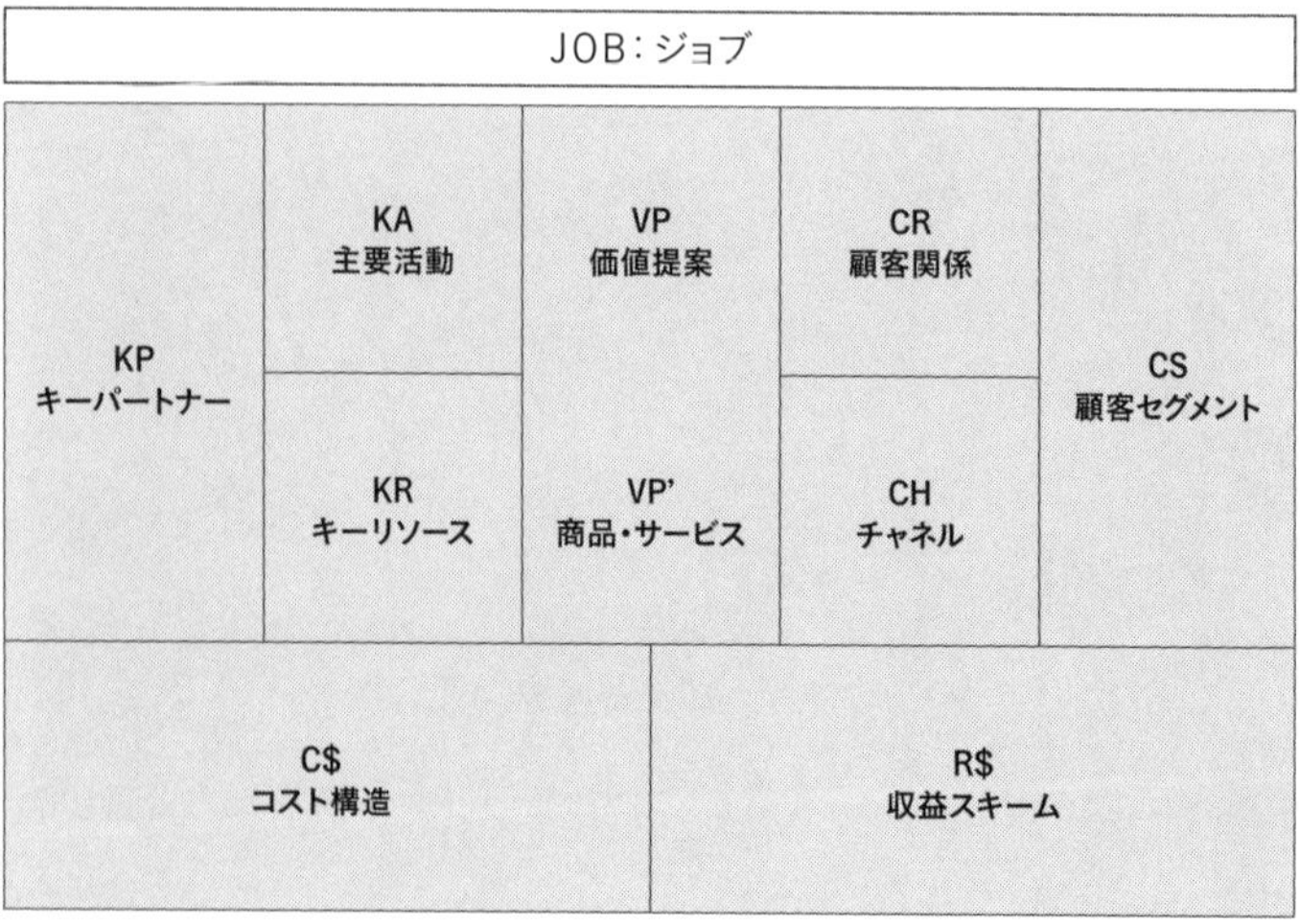

営するために重要な資源と、商品やサービスを提供し続けるための重要な活動を書き込む。さらに、右下にはR$（収益スキーム）、つまり課金方法を、左下にはC$（コスト構造）となる主なコストを記載する。

キャンバスの右半分は顧客やチャネルなどの価値提供側の要素、左半分は社内要素など価値創造側の要素、下の2つは財務側面を表すなど、それぞれの配置にも意味がある。

私たちは、このビジネスモデル・キャンバスをより効果的に使うため、2つの補助線を加えることを奨めている。

1つは顧客のジョブを記載すること。「何を成し遂げたい顧客なのか」を書いておくことで、VPとのつながりがより明確にできる。

もう1つはVPを2つに分けて記載すること。「価値提案」という言葉に馴染みのない人や組織にとっても、実際に売りものとなる商品やサービスと分けて意識することができるため、VPとVPダッシュ（VP'）を分けるとよい。

ビジネスモデル開発とは顧客開発

ビジネスモデル・キャンバスは、ビジネスモデルを俯瞰《ふかん》したり、検討すべき点を整理したりするには非常に便利な道具だ。だが、弊害もある。

それは、どんな空想でも描けることである。

キャンバスの枠を埋めることで、一見ビジネスモデルが完成したかのような錯覚をもたらすことがあるが、ビジネスモデル・キャンバスはあくまでも仮説を書くための道具であり、9つのマスを埋めたからといってビジネスが成立するとは限らない。

一部の戦略家やコンサルタントは、ビジネスの構想をつくることに長《た》けていて、この段階でさまざまな「モデル」を描く。だが、建物と同じで完成図がどれだけ格好よくても、実際に建ててみるとたちまち倒壊するようなら意味がない。

土台から積み上げないと、ビジネスモデルは完成しないのだ。土台というのは、PSFで確認した顧客であり、顧客への価値提案である。

例を挙げよう。ニコン社からスピンオフしたMENOUはビジネスモデルの想定を変える必要があった。

ほとんどの製造業では、出荷する製品の品質を確認するため、目視検査を行っている。MENOUはその目視検査をAI技術で自動化する技術を持っている。

当初は目視検査を自動化するサービスをビジネスモデルとして構想し、会社を立ち上げた。簡単に言えば、検査員をAI検査機に置き換えるサービスである。

創業後、さまざまな製造業の検査担当者と話をすると、過去に自動検査機を導入しようと何度か試みた企業が多いことを知った。彼らはその都度、検査機メーカーに多額の費用を支払って自動検査機の開発を依頼していたが、いざ検査現場に導入すると、実用性が低かったり、製品側の仕様が変わったりなど、さまざまな事情で運用できていなかったと担当者らは語った。

目視検査の完全な置き換えに成功している企業はほぼ存在していなかった一方で、導入に苦労したエンジニアは豊富に存在していることもわかった。エンジニアたちはＡＩ技術にこそあまり触れてこなかったものの、従来技術の画像検査については長けており、新たにＡＩの技術も身につけたいと考えていた。

この情報を得たＭＥＮＯＵは、ピボットすることにした。初期のビジネスモデルでは、検査機そのものを各企業向けに個別開発することを想定していたが、かわりに社内で苦労している検査機エンジニアが直接使えるようなＡＩ作成ソフトウェアを販売することにしたのだ。

「目視検査を自動化したい」というジョブよりも、「ＡＩ検査を社内で実現したい」というジョブのほうが強く、ビジネスモデルの修正はとても有効だった。さらに画像検査機を開発するノウハウは、顧客が検査機を開発する際の「コツ」として提供できる。

このように、**実際に顧客に会ってみて必要なことを掘り下げると、ビジネスモデルは変わりながら具体化する**。計画したビジネスモデルが変わることは、ほぼ間違いなく発生すると思っていい。計画変更するのは格好がつかないと思っている人もいるかもしれないが、スタートアップの世界ではむしろ格好いいくらいだ。

ビジネスモデルを描くことが難しい場合は、ＰＳＦ活動が不十分であることが多い。ＰＳＦに到達していれば顧客課題、提供価値が具体化し、ビジネスモデルが表現しやすくなるはずだ。

課金方法（マネタイズ）から考えない

「ビジネスモデル」と聞くと、どうやって収益を得るのかという課金方法ばかりを考えてしまいがちだ。もちろん、最終的には顧客を獲得し、収益を得て、利益から次の投資をする流れをつくり出したい。だが、課金方法が収益顧客や提供する価値にそぐわないと、金銭面以外の購入ストレスを生み出す危険がある。購入ストレスがあると、仮に顧客が商品やサービスを気に入ったとしても買い控えてしまう。

フィットネスジムを例に挙げると、顧客が利用できる期間、例えば1カ月ごとに課金するのが一般的だ。ところが、運動習慣を身につけたいけれど続かない人にとっては、毎月請求書が届くたびにストレスを感じるかもしれない。損した気持ちや、運動が続かなかった罪悪感があるからだ。

このような購入ストレスを持つ顧客層を顕在《けんざい》化し、効果的な課金方法で成功したのがライザップである。「運動やダイエットが続かない」という悩みを解消したい顧客に対し、「プログラムを最後までやり遂げられる」という価値提案を行ったのだ。高額な初期費用によってコミットメントを引き出し、もし離脱したら返金することを約束することは、課金方法も顧客のジョブに徹底的に寄り添って設定している表れである。

一方、ラウンド・ワンが展開する「スポッチャ」も、課金方法を工夫している。スポッチャは、卓球やトランポリン、バスケットボール、ダーツなど、体を動かすさまざまな遊びを提供しているアミューズメント施設である。通常のスポーツ施設や、アミューズメント施設では、1ゲームあたりの課金が一般的だが、スポッチャでは、時間制限なく定額で遊ぶ料金体系と、時間制限のある料金体系の両方を提供している。

カジュアルに「何かで遊びたい」と考えている顧客にとっては、スポッチャのようにゲーム数を気にすることなく遊べるほうがより楽しめてジョブにマッチしている。

スマートフォンのアプリもApp Store（アップ・ストア）やGoogle Play（グーグル・プレイ）でまとめて課金するのは、そのほうがスムーズでストレスがないからだ。あらかじめ登録されているクレジットカードにそのまま課金するのは、いちいちクレジットカードの番号を入力させるよりもはるかにストレスが少ない。技術的にApp Store以外でアプリを販売するのは制限されているとはいえ、30％の販売手数料の根拠はこの課金のスムーズさだと言えるだろう。

実は、このアプリ販売のプラットフォームを発明したのはアップルではない。携帯電話のアプリを初めて販売したのはＮＴＴドコモのｉモードである。

ｉモードの場合は、携帯電話の通話料金にさまざまなアプリ費用も合算して請求する方式であったため、利用者はほとんど意識せずにアプリを使い始めることができたのだ。

このように、**優れた製品には必ずと言っていいほど、マッチする課金方法が伴っている。**顧客への価値提案を強化する収益モデルを用いることが、ビジネスモデルの設計の醍醐味である。

ＤＸの本質は効率化ではない

デジタル・トランスフォーメーション（ＤＸ）だけは、ビジネスモデル転換を主眼にしても差し支えない例外である。

ＤＸ活動のほとんどは、社内業務の効率化を目指したものだ。この社内業務というのは、

128ページの図におけるビジネスモデル・キャンバスの左側に描かれており、右側の顧客に対する価値を提供する活動に対応するために存在している。

そのため、販売方式をオンラインに転換したり、売るものをフィジカルな製品からデジタルなサービスへ移行したりするような収益モデルの変換から着手することは、ビジネス全体をアップデートするきっかけとなり得る。

「オンライン販売」ありきで始めることで、潜在的に隠れていた顧客層を掘り起こすことになり、後発参入であっても、何らかの理由で来店せず商品を知らない顧客や買えない顧客に接することができるようになる。

異なる顧客層は、往々にして異なる目的で商品を購入するもので、その顧客に対応しているうちに、社内体制も変革が進むということもある。

ふるさと納税を取り入れた多くの自治体がいい例だ。最初はオンラインでの提供をおそるおそる始めた地方自治体も、大きな反響が得られたことで活動を加速させた。いまでは、積極的に市民からの寄付金を競っている。その競い方というのも、それまでほとんど接点のなかった都市部に住む「顧客」に対応しようと、商品名やデザインの工夫をしたり、コミュニケーションを図ったりとさまざまな工夫が見られる。

デジタル化したチャネルから、新たな顧客を見出し、価値提案にまで変革の範囲が及んだのだ。

受注ファーストか開発ファーストか

ビジネスモデル転換を目標に新規事業にチャレンジする企業は少なくない。

特に多いのが、受託型のビジネスを企画型のビジネスへと転換したいという願望である。顧客の要望に沿って製品開発を行うことで安定した経営を続けてきた会社が、顧客ごとに個別に開発を行うよりも1つのヒット商品を生み出せば……と色気を出したくなるケースだ。

逆のケースも案外多い。定番製品はなんとか売れ続けているものの、後続する商品企画が次々に失敗したことで商品企画に自信を喪失し、受託型のビジネスモデルに取り組んでみたい、というのだ。

だが、ビジネスモデルの転換に安易に着手すると、思った以上に苦労することになる。

受託型のビジネスは、受注してから開発するためリスクが少なく、企画型ビジネスは開発してから販売するのでリスクが少ないという傾向は概ね間違っていないし、会社のバランスとして、両方あると安定感が増すというのも正しいと言えるだろう。

しかし、ビジネスモデルというのは企業の価値観や文化に作用することを覚えておく必要がある。

受注先行型のビジネスを行っている会社は、文化や習慣として営業が仕事を取ってきてから「仕事」が始まるという不文律がある。「仕事」が始まる前に企画会議をしたり、市場調査を行ったりすることに対して罪の意識すら感じる人がいるはずだ。

逆に、企画型の製品開発が主力企業の会社では、製品ができる前に顧客獲得ができるはずもないと、最初から諦めてしまったりする。

もちろん、強い会社にはさまざまな経験値があり、臨機応変に提案や開発タイミングを難なく調整する。だが、どちらかひとつにしか成功体験を持っていない場合は、予想の10倍くらいぎこちないプロセスであることを予想しておいたほうがいいだろう。

特にぎこちなく感じられるが重要な活動の例を挙げておく。

《受託型→企画型の場合》

○受注前に仕様や開発スケジュールを決め、そのスケジュールを守る

受託型のビジネスにおいて、社内コンセンサスを取るのに便利なのが「顧客の声」である。そうした社内コンセンサスに慣れていると、商品を独自に企画し、社内で決めたスケジュールを守るのが案外困難になる。「顧客の要求」という明確な目標を持たない社内発の企画には、客観的かつ明確な根拠が乏しいという認識が蔓延《まんえん》しているからだ。

したがって、企画型への転換を行う場合、顧客と製品についての理解に加え、強い権限を持つ製品責任者（プロダクト・マネージャー）の存在が重要となってくる。

受託型ビジネスの企業では、顧客の要求に対して全社一丸となって応える体制となっている一方で、プロダクト・マネージャーは顧客の代わりに仕様や納期を厳守させる孤独な役割だ。プロダクト・マネージャーを設置できたとしても、権限を保つのは意外と難しいことを意識したい。

○機能を絞り、多くの意見にノーと言う

企画型の製品は、多くのユーザーに届けたいという狙いを果たすため、シンプルで使いやすいものである必要があると同時に、多機能で最大公約数のような製品が正解だと思いやすいものでもある。

特に、顧客の依頼を受けて開発を行う習慣があると、ノーと言えないまま機能追加の誘惑に負けてしまう。その結果、多機能で誰にとっても使いにくいものになってしまうので

注意したい。

○営業担当者以外も顧客に会う

受託型の企業では、営業担当者がいろいろな顧客企業のニーズを聞いて回るのが日常化している。このような企業文化では、新規事業の調査や顧客開発のために異なる部署の人間が既存顧客を訪問することに、強い抵抗があることが多い。考えるだけでも領空侵犯のような雰囲気が生まれ、忖度《そんたく》が強く発生する。だが、優れた企画型製品をつくるには顧客や顧客候補との対話は避けて通れない。文化的な違和感を乗り越えてインタビューを行っていく必要がある。

《企画型→受託型の場合》

○提案型営業を実践する

企画型の企業、特にヒット商品があるような企業では、商品そのものが雄弁に価値を語ることに慣れている。そうした企業文化にいると、製品を顧客に見せる前に価値を伝えたり提案したりすることに大きな抵抗感が生まれる。

しかし、受託型ビジネスの場合は、丁寧に顧客の話を聞き、課題を拾い上げ確認するプロセスは避けて通れない。いくつかの解決策を提示しながら提案を絞り込んで受注につなげたら、製品の完成前にその性能を約束したり、どのような価値があるのかを伝えたりと、未完成あるいは未着手の製品を売り込むことに対する躊躇を乗り越えることが重要だ。

○無形財を売る・サービス提供する

前述したように、受託型ビジネスでは、製品の完成前に受注する。つまり、開発する過程も実質的に顧客は「買って」いることになる。これは「設計料」や「工数」といったかたちで明細に記載されることも多い。モノを売ることに慣れている企業では、このような無形財に対して課金することに抵抗を感じることは珍しくない。「人」のような不均一なものに対して、料金を設定することや、未着手未完成の製品に対して課金することは、不誠実な気すらしてしまう人もいる。

だが受託型ビジネスは、「開発部隊を持たない顧客ですら開発する能力を持てる」という大きな価値を提供しているのだから、無形の価値を提案することにも自信を持ちたい。

○「個人」を前面に出す

受託型ビジネスは担当者によるバラつきも存在する事業である。それはとりもなおさず、誰がそのサービスを提供するのか、というのが重要になる。

成功している受託型企業では、担当者が個性的であることが多い。なぜなら、単にできあがった製品を納めることが期待されているのではなく、それをつくる過程を担う信頼できる人が必要だからだ。ユニクロの製品なら、店員が誰であっても顧客が受け取る服そのものの価値は変わらないが、ゼロからスーツやドレスを仕立てたいのであれば、誰が担当するのかは大きな違いとなる。自分の顔を前面に出した事業開発が求められる。

価格は高めにつけておく

大成功しているスタートアップを見ると、初期段階で低価格戦略を取り、普及価格から始めているように見える。そのため、最初は低めに設定して受け入れられるようになったら徐々に価格を上げていくことを考えるチームは少なくない。

その考えは、半分当たっているが半分間違っている。

もし、グーグル検索が途中から有料化していたらどうなるかを想像してほしい。ユーザーがグーグルの便利さを認めたとしても、継続的に検索することにはつながらないだろう。検索するたびに請求され、うんざりしたら、そもそも検索の頻度が落ち、他の検索エンジンに流れてしまう事態になったはずだ。

グーグル検索のマネタイズは広告で行われているが、その広告の価格について、グーグルはひとつの仮説を持っていた。

それは「ユーザーが検索するキーワードに応じたウェブサイトを勧める広告なら、高く売れるのではないか」というものだ。

この仮説を試すには、事実「高く」売ることが必要になる。

結果的に、人通りの激しい場所の看板が値上がりするのと同じように、キーワードで競わせる入札方式というアイデアは見事にヒットした。仮説を検証していなければ、今のような成功はきっとなかったはずだ。

顧客を増やそうとする試み自体は間違っていないが、**お得感で獲得した顧客は、お得感がなくなった瞬間に失うことになる。**再現性の高いビジネスモデルを構築するまでは、顧客価値の検証を優先したほうがいいだろう。

ユニット・エコノミクス：細かい原価を試算しない

持続的なビジネスを行うには、投入したコスト以上の収益を得る必要がある。そのため、ビジネスモデルを検討する段階で細かく原価の試算を行いたくなる。

だが視野を広げると、原価以上に把握しておかないといけない要素がたくさんあることに気づく。それは、「そもそも売上を立てるためのコスト」である。

もし仮に100円の仕入れで200円の売上が立ち、差額100円の粗利益を得られたとしても、その商品を売るために営業活動に1年かかるとしたらどうだろう。念入りに製品の説明をする営業担当者を雇ってやっと1年かけて売れるようなものだったりすると、持続的なビジネスができないことは明白だ。

つまり、100円の原価を90円や80円にしようと模索する前に、200円の売上を立てるために必要なコストの概算を立てることを行ってみる必要がある。

既存事業を持つ大企業の場合、知名度があるため新規顧客の獲得を容易に考える傾向にある。しかし、実績のない事業領域に参入するなら、最初はスタートアップ同様に苦戦することになる。契約までに必要な時間が2倍かかるとすれば、1人が結ぶことのできる契約数は半分になり、単位あたりの顧客獲得コストは2倍となる。

厳密な原価試算の前に、販売するために必要な時間や人件費、宣伝費など、製品1台を売るために必要な作業をリストアップしたユニット・エコノミクス分析をしておきたい。

展開したいビジネスにもよるが、概算で構わないので以下の項目を含めるといい。

・顧客獲得コスト（新規の顧客を獲得するために必要なコスト）
・原価（1単位の製品を生産するために必要なコスト）
・顧客維持コスト（販売後のサポートや保証料など）
・代理店へのマージンなど（顧客獲得コストに含まれることも多いが、代理店に販売を依存する場合、インセンティブ設計が必要）
・単位あたりの売上（製品なら1つあたりの売価、サービスなら1契約あたりの標準的な売上など）

最低でも売上の半分の利益が試算できるといいだろう。やっていくうちに、想像以上に人件費やマーケティング費用が必要になるものだが、ユニット・エコノミクスとしてコストを売上の50％程度に抑えることができたなら対処しやすい。

もし、ソフトウェア製品など製品原価が計算しにくい場合は、とりあえずゼロで構わない。ソフトウェアは発売開始後も想定以上にバグの修正や改良で開発が継続するため、利益の一部は開発費として継続的に必要となる。したがって、ソフトウェアならユニット・

エコノミクスの目安としてコストの3倍の売上を目指したい。

日本企業の多くは、他国と比べると同じ品質の製品を安い価格で提供してきた長い実績がある。そのため、製品原価の低減策について多くの知見があり、特に大量に販売できたときの量産効果に依存したビジネスモデルを描きがちだ。

だが、それだけの販売数に至るための営業上のコストについては案外、無頓着である。実に多くの新規事業が、**たくさん売らないと赤字だが、たくさん売る努力を行う費用をかけられないというパラドックス**に直面している。そのためにも、そもそも「販売を拡大するために必要なコスト」を織り込みたい。

売価は顧客獲得コストから算出する

原価やコストから売価を決めないほうがいい。売価は、顧客が受け取る価値をベースに算出するか、顧客が現在予算化している費用をベースに考えたい。

例えば、月給15万円のアルバイト人件費が不要になるようなサービスなら月額10万円にしたり、相場が5万円の装置を販売するなら4万円にしたり、といった考え方だ。その売価をもとに、持続可能なビジネスモデルとするために費やすことのできる顧客獲得コストを試算するのだ。

この段階では、「販売計画」を立てるのではなく、ビジネスモデルをつくることが目的である。持続的な事業として成立するため、顧客獲得に費やすことのできる金額が試算でき、「何を売るか」だけでなく「どのように売るか?」、つまりビジネスモデル・キャンバスのCH（チャネル）やCR（顧客との関係）の目途を立てたい。

ユニット・エコノミクスの見立てから、顧客獲得に費用がかけられないとわかったなら、CR（顧客との関係）はシンプルにし、代理店などの余計なチャネルコストを省く方法を検討したい。

こうしたビジネスモデルが仮説の場合、広告や代理店に頼らずSNS等で顧客獲得が可能なのか、この時点で検証することになるだろう。

もう1つコストから価格を考えるべきでない理由がある。それは、**損益分岐点というのは、通過点でしかない**からだ。

コストから価格を決める考え方は、1つの製品で一定の投資回収ができればよいという思想が前提となっている。だが、成功している事業は必ずと言ってよいほど、「再投資」

が行われ、成長しながら製品やサービスの改良が行われている。

つまり、事業から得た利益を文字通り再投資したり、事業から獲得した知識や顧客情報を元手に次の事業展開に再投資していたりする。

ビジネスシーンにおける世界的で急速なスピードアップが背景にある以上、二の矢、三の矢という成長シナリオも描き、ビジネスモデルには再投資する仕掛けがほしいものだ。ある程度の成果を最初のビジネスであげられなければ、二の矢、三の矢が絵に描いた餅となってしまうのは言うまでもない。

と同時に、最初のビジネスが成功したのにもかかわらず、次の成長シナリオが準備できていなかったために、競合に追い抜かれるような隙を与えたくもない。

Gメールやグーグルマップに投資をしなかったとしたら、今のアルファベットは登場していないのだ。未来への展開ができるような余剰利益をビジネスモデルに入れておこう。

「小さな入り口」から成長戦略を描く

ビジネスアイデアを思いつくと、その1つのアイデアで全世界が変わるような気がしてくる。多くの人が顧客となり、市場も一気に広がるような夢を持つことだろう。

だが実際は、二度三度の事業拡大をしながら成長していくのが大きな事業への道である。例えば、いまや巨大インターネット企業となったアマゾンは、創業当初は書籍に限定したオンライン販売、特に専門書などのニッチな書籍に着目した事業を行っていたのを覚えているだろうか。

当時のインターネット通販は黎明期にあり、市場規模も小さい状態である。だが、ベゾスは投資銀行での経験から、インターネット通販に巨大な未来があるのではないかと考えた。そして急成長するタイミングであることを数字から読み解くと、自ら賭《か》けに出ることにした。

彼は、あらゆる商品をオンラインで提供する事業を構想した。アマゾンのロゴにAから

■成長戦略を描くボウリングピン

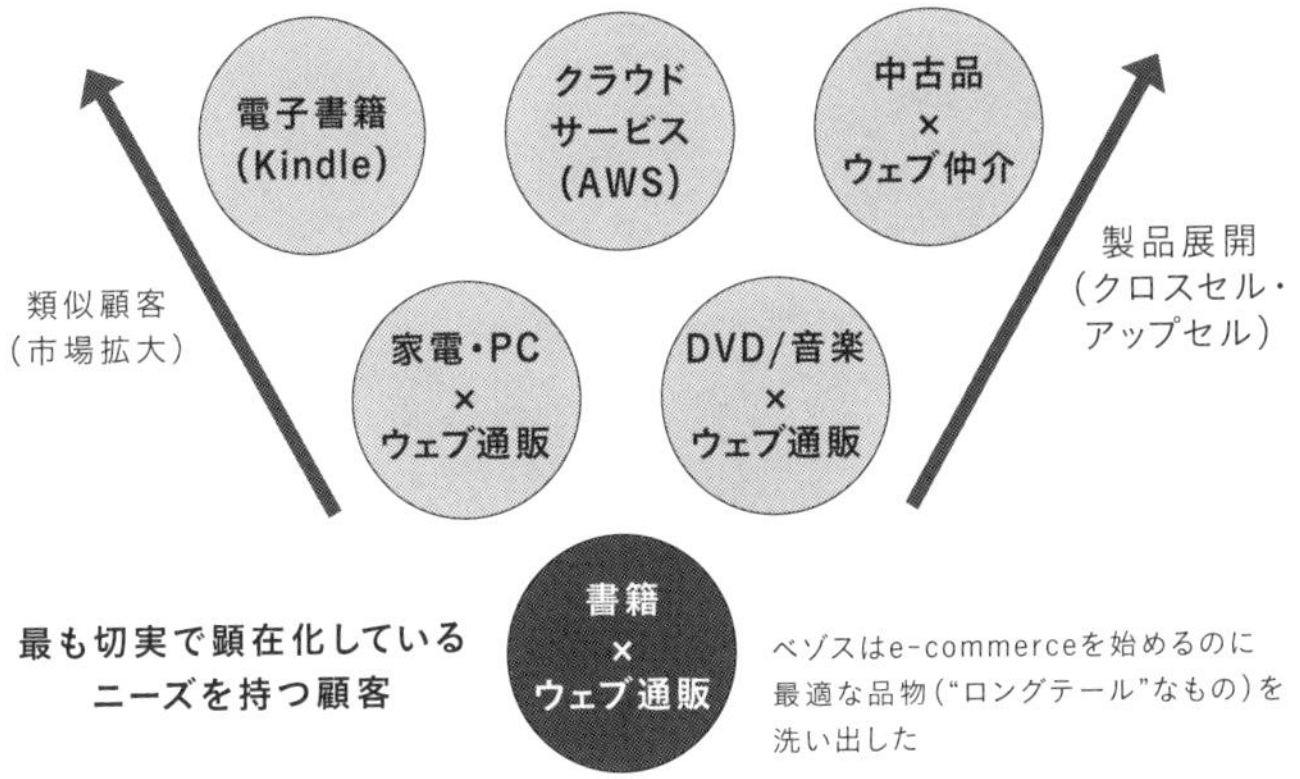

Zまで矢印が描かれているのはそのためである。ただし、最初から幅広い品揃えを用意せず、取り扱い商品は書籍に絞った。

ベゾスが書籍を選んだ理由は明確だ。ネットで注文を受けたとしても、実際の物流はアナログのままであり、そこにはいきなり手を入れられない。そのため、輸送時に傷んだり時間がかかったりしても影響の少ない品物をリストアップすることにした。

次に、その中でも消費者がわざわざ「検索」して探しまわるほど手に入れたいと思うようなものを選び出した。それが書籍だったというわけだ。

実際、ベゾスは当時すでに存在していたインターネット通販業者から書籍を購入し、配送に何日もかかり、輸送中に商品がダメージを受けることを確認したという。当時のネット通販には改善の余地が大きかったのだ。にもかかわらず、都市から離れて住む消費者や専門書を求める層など、他の手段を選べず仕方なく同じ業者を使い続けている顧客層が一定数いることもわかった。

このようにベゾスは大きな事業を構想していた一方で、ジョブが強く、現状の満足度が低い商品を緻密に調べ、入り口の事業として選んだ。

ベゾスが始めた書籍のウェブ通販が大ヒットしたことにより、「ロングテール」という言葉がネット通販成功のキーワードとなったことをご存じの読者も多いだろう。

この「入り口」という概念は非常に重要だ。「橋頭保」や「エントリーポイント」あるいは「センターピン」と呼ばれることもあるが、**事業を始める際には、顧客が切望しているニーズ、つまり強いジョブから手をつけたい**。これにより、新規参入のハードルを下げ、前述した二の矢、三の矢のイメージを持ちやすくなる。

一度入り口の市場を開拓することに成功したなら、類似した特徴を持つ顧客に市場拡大したり、同じ顧客を深掘りしたりして、製品展開を行っていくのもよい。

その際、需要側である顧客の視点も加味して成長戦略を立案することは言うまでもない。

これら一連の事業展開が成功すると、結果としていくつもの事業が何層にも積み重なって売上を構成することになるだろう。次のページのようなミルフィーユ状の売上グラフで

■ビジネスモデルのミルフィーユ

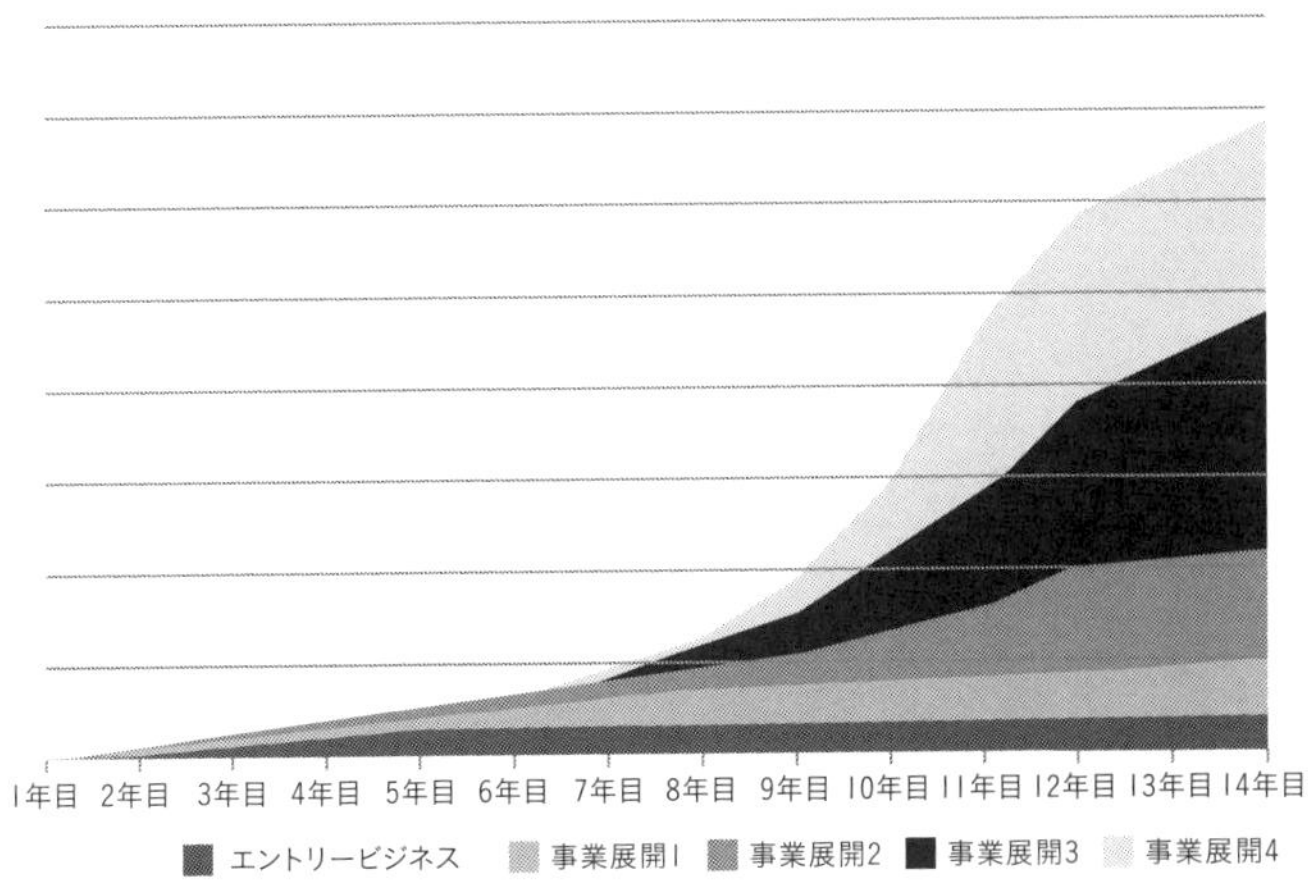

表現するのも、この成長戦略を描くよい方法だ。

名の知れた大企業も、必ず過去の事業展開の結果、現在の地位を築いている。電鉄会社が百貨店やプロ野球の球団を所有しているのは珍しくないが、たいていは小さな路線を走る電車から始まった。

東急電鉄は、当時はどちらも東京郊外だった蒲田駅と目黒駅を結ぶ10キロあまりの距離の路線が発端である。東急は徐々に路線を増やすとともに、周辺のまちづくり、住宅の整備やスーパーなどを展開し、現在の姿になった。売上の5割以上は、スーパーなどの小売り事業に代表される生活サービス事業だという。

プロ野球球団を持つ阪神は、神戸と大

阪を高速に結ぶ事業から着手した。阪急は、大阪の梅田駅から当時まだ田園風景だった神戸の宝塚駅をつなぎ、混雑した都心部ではなく郊外で暮らしたいという人々のジョブに応えることから事業を開始した。

なお阪急を創業した小林一三《こばやしいちぞう》は東急電鉄の創業にも関わった、今で言うところのシリアル・アントレプレナーでありコンサルタントである。

他にも、規模より参入のしやすさで入り口を選び、参入後に大胆な展開を行っている企業はたくさんある。ぜひ参考にしたい。

章のまとめ

■ビジネスモデルは実存する顧客とジョブをベースにしか検討できない。ビジネスモデルが描けないならＰＳＦ活動に戻る

■収益モデルなど、ビジネスモデルの各要素は、組み合わせてみて、もっともマッチするものを選ぶ

■価格は高めのポイントから仮説検証を行う

■細かく原価を見積もる前に、ユニット・エコノミクスを検討する

■規模よりも、参入しやすさでビジネスを成立させることを優先し、そこから大胆な成長戦略を立案する

コラム4

顧客価値とは

「価値がある」というのはどのような状態を指すのか、案外説明しにくい。

・人は受け取る価値が支払う費用（時間や心理的コストを含む）よりも大きいときにものを買う
・人はジョブを解決するためにものを買う
・人は価値、費用、ジョブについて意識せずに判断することも多い

この3つの条件を整理すると、「価値」とは、意識的、無意識的かにかかわらず「ジョブの解決を手助けする度合い」が評価されたものと言えるだろう。つまり、人々の仕事や課題を解決する手助けが効果的であればあるほど「価値がある」ということである。

ここにペットボトルの水を考えてみる。同じペットボトルの水が、売られている場所に

よって価格がまちまちだったりする。

極端な想定をすれば、砂漠のど真ん中をさまよう旅人向けのペットボトル水は巨大な価値を持つことになる。

なぜなら、その水は「死にたくない」というとてつもなく切実なジョブを解決する手段になるからだ。持ち運んでいた水の在庫がなくなり、死にかけている人なら、(死にたくなければ)持っている限りのお金を出すに違いないだろう。

砂漠ほど極端な想定をしなくとも、山小屋や空港の保安検査後では、水の値段も高く、実際に「価値」もあるように感じるのではないだろうか。

逆に、都会のスーパーマーケットで大量に安売りされているペットボトルはそこまで切実なジョブに応えていない。「食事中に喉を潤したい」というジョブには、ワインやジュース、お茶など他の手段でも解決でき、「野菜をもっと安心な水で洗いたい」という感情的なジョブには浄水器という選択肢があるからだ。

顧客価値を高めるために簡単に思いつくのが、量を増やすことだ。

ペットボトルの量を増やす影響について考えてみるとしよう。

水分補給によって「死にたくない」というジョブを持つ顧客にとって、量が2倍になることで命も2倍延びる。したがって、500mlの水は、250mlの水の倍の価値があると言えるだろう。

しかし、「食事中に喉を潤したい」と考えている顧客にとっては、喉を潤す程度以上の水は余分となる。2倍の量だからといって価値は2倍にならない。

このような顧客には、量よりも食事との相性が高まる性質を持たせることで、価値を高められる可能性がある。

同様に、「ガッツリ食べたい」という消費者には大盛りのご飯が価値になる一方で、「食品ロスを減らしたい」あるいは「減量したい」消費者にとっては、ご飯の量が少ないことが価値になる。繁盛している食堂を観察してみると、若者が集まる店には「ご飯大盛サービス」があり、逆に年配者が多い店では少量のご飯が選びやすくなっていることが多いのも納得だ。

時と場所が変わるだけで、付加価値が変わることもある。量を何倍にしても価値が変わらないものもある。

顧客のジョブをどの程度手助けすることができているのか？　という観点で自社製品や自社サービスの価値をとらえ直してみてはどうだろうか。

第5章

PMF（プロダクト・マーケット・フィット）
──顧客がお金を払い続ける理由をつかむ

この章では、スタートアップとしてのゴールを意味する、ＰＭＦ（プロダクト・マーケット・フィット）について掘り下げる。

ものづくりをして、顧客に価値が届けられるようになる段階まで来ると、トラブルが必ず発生する。これまでの活動の質が高ければ試行錯誤は減らせるが、プロジェクトの活動量も増え、関係者も増え、それゆえに混乱も多い。

不確実性が減っても、複雑な課題が登場するのがこのフェーズだ。

ＭＶＰ——ものづくりは〝創業者〟の仕事

創業チームにエンジニアが不足している場合などは特に、このフェーズになると、ものづくりをあとから雇ったエンジニアに頼んだり、アウトソースしたりする。

だが、「技術のプロ」としてエンジニアに任せきりにすると、深い落とし穴に落ちてしまうことがある。丸投げのつもりがなくても、一癖も二癖もあるエンジニアにいろいろと指図するようなまねは気が引けるものだ。しかも優秀で誇りを持っているエンジニアというものは本人に悪意がなくても、癖《くせ》が強いように見えてしまう。

だからといって対話を避けて通ると、せっかくここまでヒアリングして調べてきた顧客のジョブや、置かれている状況などの重要な文脈が抜け落ちた「機能しかない製品」ができてしまう可能性が高い。

MVPとはMinimum Viable Productの略で、PMFを目指す際に用いる試作品のような目的を果たす。文字どおりMinimum（最小）で、Viable（存立）するProduct（製品）と呼ぶだけの必然性があるので、それぞれを説明しよう。

Minimum（最小）：顧客に価値を伝えるに必要十分であれば、最終製品とは著しく異なっていても問題ない。実際、初期のAirbnbは、フロントエンド（顧客が触れる画面）だけをMVPとしてつくり、バックエンド（実際に業務処理を行うプログラム部分）は人力で処理するということを行った。

最小をいきなり目指すのは難しいかもしれないが、「なるべく開発せずして開発するには？」という問いを常に立てつつ、MVPをつくるといいだろう。

Viable（存立）：未熟で不完全なものが顧客に受け入れられるとすれば、文字どおり「事業存立」の条件と言っていい。ただし、事前に「存立」するかどうかを見極めることはできないため、顧客が購入し、利用し、その価値を評価するまでの一連の活動において検証や修正が必要なポイントを事前にリストアップし、試行錯誤をよりスムーズに行うことが求められる。

Product（製品）：文字どおり「製品」、つまり形のあるものをつくる。人的サービスのような無形の製品であっても、ウェブサイトや契約書などでＭＶＰの役割を果たせる。

形のないまま顧客開発を行ってしまうと、営業トークや人脈の検証ばかりになってしまい、ＰＭＦにたどり着くことができない。たとえそれで売上が立ったとしても、特別なコネや、特定の営業担当者以外では売れないとなると、事業拡大は望めないからである。

ＭＶＰでは、仮説検証に必要十分なものをつくることが大事だ。実績のある経験豊富なエンジニアには、一定の前提知識や固定観念があり、これが奏功することもある一方で、邪魔となることも少なくない。MVPでは端的に顧客価値を伝えるものを目指し、開発コストも極力抑えたい。つまり、「ノーという勇気」が大事なのだ。

どの機能を搭載し、どの機能は搭載しないのか。性能や使いやすさのレベルは初期のユーザーに必要十分なのか。それらを厳しく見極めつつ、ものづくりを行うことが重要だ。エンジニアがはりきりすぎて機能の多すぎるMVPをつくってしまうと、顧客のフィードバックに応じて修正をするスピードも落ちるし、バグなど品質低下の原因となる。

もっとも、MVPをつくる際に優秀な技術者は不要かというとまったくそうではない。MVPはあくまでも途中経過として、将来を見据えたアーキテクチャを構築することが非常に大きな仕事となる。したがって、継続的な開発に活用できる構造にしたり、顧客フィードバックに容易に対応できる設計にしたりすることが後々に効いてくる。

MVPから2回ほどの試作を行って量産型の製品が完成するようなロードマップを描ける最高技術責任者（CTO）がいると心強いだろう。

一目を置きたくなる技術者に指図するようで気が引けるものだが、信頼関係を築きながらも、ノーと言うようなカウンターな行動を取っていきたい。

裏を返せば、技術系の創業者にとっては、PSF活動など初期の顧客開発活動を自ら行うことが重要である。顧客に受け入れられそうな製品と、実際に受け入れられる製品の違いは天と地ほどの差があることを心に留めたい。

広告だけでは売れない

プロトタイプが完成すると、広告に頼って売ろうとするケースが目立つ。ホームページで製品の紹介をしているのにいっさい反応がなければ、認知が足りないせいだと思いたくなるのだ。思い入れのある製品だからこそ、ChatGPTが5日間で100万ユーザーに到達したような爆発的普及をイメージしたくなるのだろう。

リリースしてもいっさいの反応が市場から得られないと、きっとまだ知られていないからだと思い、ひどい場合は、そう信じてしまうことも珍しくない。

そこで広告を打ち、認知が高まればきっと売れるだろうと考えるのは、多くの人が持つ希望的観測である。

史上最速で利用者が増えたと言われるChatGPTですら、地道な活動期間は思いのほか長い。ChatGPTを開発したOpenAI社は2015年の12月設立と、すでに8年以上経っており、継続的にユーザーのコミュニティを形成しつつ、何度か改良を重ねてきた結果、爆発的に知名度の上がったChatGPT－3・5で初めてPMFしたと言っていい。

初期タイプのGPT－1は2018年に発表。翌年にGPT－2、2020年にGPT－3を発表し、次のChatGPT－3・5というバージョンでやっと「ChatGPT」と一般の人にも呼ばれるようになったわけだが、この間、広告施策は行っていない。このような初期ユーザーの存在と、初期のMVPであるGPT－1があるからこそ、期待を超えた製品を発表した瞬間に情報が拡散し、一気にユーザー数が増えたというのが実態である。

もし最初のMVPに対する反応がいまいちだとしても、むやみに広告に頼らず、反応がよくなかった理由を尋ね、どうすることで顧客の価値を高めることができるのかをしっかり探りたい。否定されるのは怖いものだが、それを乗り越えて個別に提案することが重要だ。得られるのは否定的な意見だけではない。

購入という結果以外に、提案する過程で得られる情報としては以下のようなものがある。

・なぜ買うのか？
・なぜ他の物を買わないのか？
・いつ、どんなタイミングで買いたくなったのか？
・いつ、どのように使う予定なのか？
・他に欲しそうな人は誰か？
・どのように支払いたいか？（B2Bなら契約条件など）

これらの情報は、PMFの調整に不可欠な情報である。
一方、売上につながらなくても、以下のような視点で多くの学びが得られる。

・そもそもジョブがあるのか？　強いのか？
・他の物を買うのか、それとも何も購入しないのか？
・購入するに至らなかったハードルは？
・誰かの意見を参考にしたか？

もちろん、顧客がすべてを教えてくれるとも限らないし、本音を言うとも限らないが、このような情報を得る目的で話を聞くだけでも得られる情報は多い。

PSF時同様、顧客が言葉にしない表情や身振りも観察し、PMFへのヒントを吸収したい。

営業力だけでも売れない

MVPを広告に頼って売ろうとするのと同様、営業経験が豊富なメンバーをチームに入れれば解決するのではないかと考える人は多い。要するに、営業力を強化すれば解決するという考えだ。

ここで、新規事業における「営業」を考え直す必要がある。というのも、営業には大きく分けて3つのタイプがあり、それぞれ異なる力が必要になるからだ。

最初のタイプは、コモディティを売る場合である。投資信託や保険などの金融商品や、あまり差別化されていない消耗品や家電などを購入する場合、誰から買っても商品そのものには実質的な違いがない。したがって、身近で安心できたり、取引関係が長かったり、信頼のおける人から購入する傾向が強い。

このようなコモディティの営業力とはつまり「人間関係」と近しい。コモディティ営業力が高くても、新しい商品を説明できるとも限らない。

2つめは、商品力のある商品、あるいは差別化された商品を売る場合である。業界でも特徴のある商品を扱い慣れている営業担当者には、商品知識が求められる。優秀な営業担当者は、商品の技術的な特徴に詳しく、他社製品との違いを雄弁に語ることができる。多くの顧客は例えば「冷蔵庫」を買い求めるとき、同じ製品カテゴリの中の機能や仕様の違いで選択する。したがって、製品のこだわりや優秀さに加え、競合商品との違いを説明できることが売上を伸ばすスパイスになる。

しかし、同じアプローチを用い、新規事業のように比較対象が少ない商品や比較が難しい商品を売ろうとすると苦戦することも多い。

このように新しい商品カテゴリを提案する場合が第3のタイプである。

車を所有せずにカーシェアを勧める、あるいはB2Bなら会社の保養所を手放し、新たな福利厚生の契約を勧めるなど、**購入する対象ががらりと変わるとき、新規事業は顧客の行動変容を必要とする**ことが多い。そして、この行動変容というのは起こすのが結構難しいのだ。

行動変容に必要なエネルギーを分解して考えてみる。

まず、現状の解決策への不満によって新しい解決策を探そうとする力があり、新しく提案された解決策の魅力が行動変容を促す力である。同時に、潜在顧客には2つの抵抗が作用する。1つは新たな解決策への不安である。宣伝どおりに製品が役立つかどうか、使ってみるまでは誰しも不安に思うものだ。

もう1つは、既存習慣を変えることへの抵抗である。習慣というのは、無意識に作用し、とにかく変えるのが難しかったりする。特に、B2Bビジネスにおいて、複数の人間が動いているケースであれば、既存の業務プロセスを変えるのは至難の業だ。

新しい解決策の魅力と、既存の解決策の不満の2つが抵抗力を上回ると、行動変容のきっかけとなる。まず、顧客が解決したいジョブを、安く、素早く、シンプルに、あるいは優雅に解決できることを伝えることが必要だ。さらに顧客が現状に強い不満を持っていると、積極的に違う方法を試す後押しとなる。要するに「強いジョブ」が追い風ということになるが、PSFしていればこの追い風はある程度検証できていることになる。

ここでAI問診サービス、「Ubie（ユビー）」の例を見ていこう。

AI問診とは、患者が来院した際に記入する一般的な問診票の代わりに、患者の症状、それらに対する回答内容に応じて質問内容がAIによってスマートに対応していくシステ

■新しい解決策を取り巻く4つの力

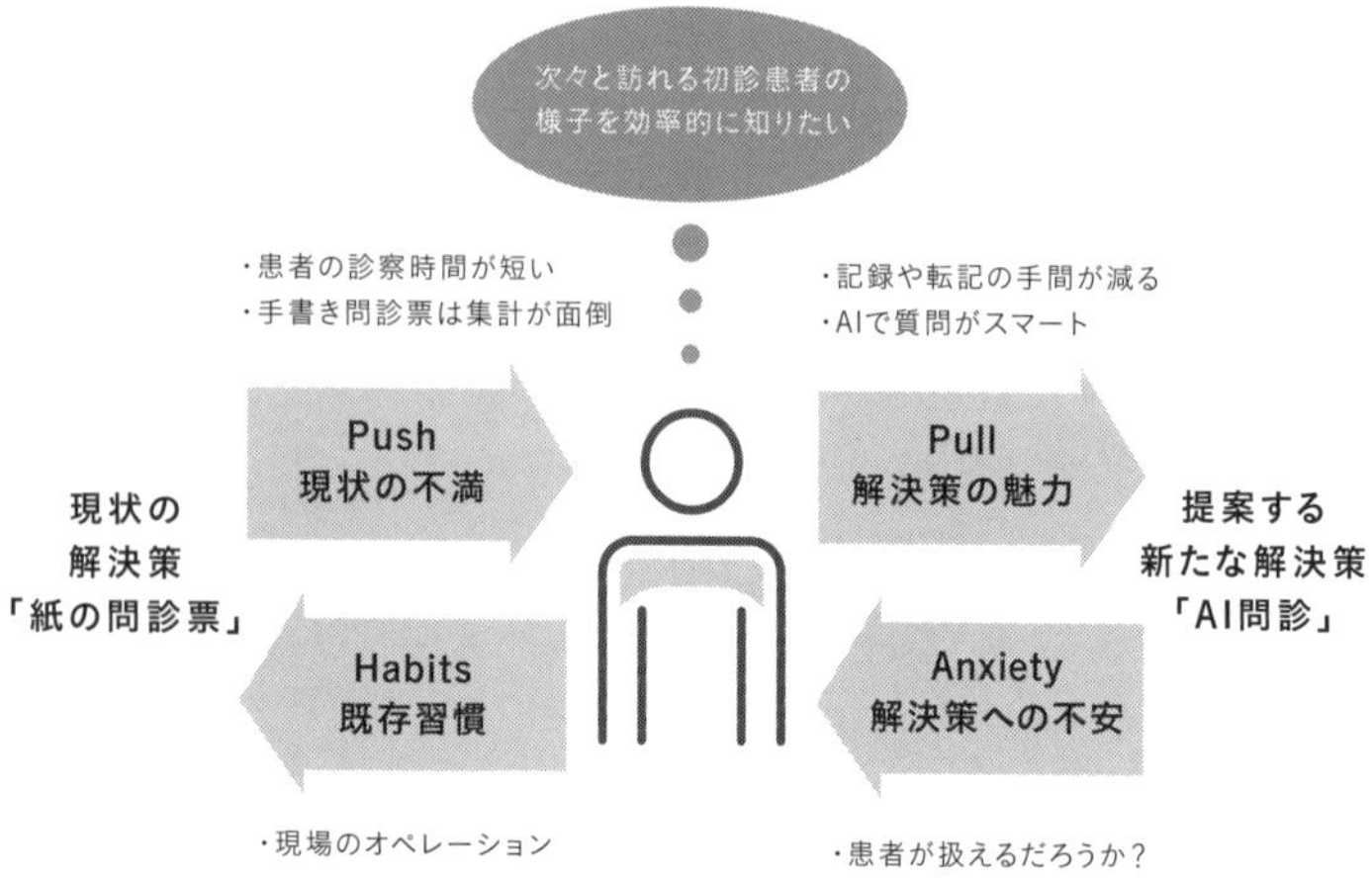

ムである。上の図は、ユビーにおける4つの力の例を示したものだ。

図にある「現状の不満」と「既存習慣」の2つは、新たな解決策を提案する前から存在している力である。ただしその大きさは変動することもある。

新規事業の提案を成功させるコツのひとつは、現状の不満が高まる頃合いをはかることだ。例えば、新型コロナウイルス広がったタイミングでは、書類に直接印鑑を押したり、記入したりといった作業に不満が高まった。クラウドサインやDocusign（ドキュサイン）などのオンライン契約システムの普及を後押ししたのは、オンライン契約システム自体が変わったからではなく、顧客の現状に対する不満が高まったからだった。

さらに不安解消も重要なポイントになる。既存事業とは異なり、実績の少ない製品やサービスに対し、顧客はいつも以上に不安を感じるものだ。

この不安を低下させるには、何よりも販売実績や利用実績、あるいは口コミなどユーザーの声が有効である。

新規事業の初期ではいっさい実績がないからこそ、1人目の顧客が獲得しにくくもなる。販売実績や知名度が上がるにつれ、顧客の不安も低下し、顧客を探し出す苦労は徐々に減っていくが、この時期の営業をなるべく効果的に行うには、右の図にある「新しい解決策」を取り巻く4つの力を頭に入れておくと、臨機応変に対応できる。

とにかく、主役は顧客である。顧客の不満に共感し、解決策を提案し、不安を減らしつつ新しい解決策を習慣化してほしい。

新しい製品やサービスを売り込みたい気持ちがはやるかもしれないが、解決された姿を売り込み、新しい行動を取ってもらうのが近道となる。

契約書は社内法務に丸投げしない

ＭＶＰを使った販売・検証を行う際に、多くのチームが本社部門に確認を取って頓挫《とんざ》することがある。

特に、法務部門にＭＶＰ販売に関連するリスクを確認するのは、問題となることが多い。本社の間接部門は、既存事業のリスクを見つけ、避けることが仕事であり、業務改善を重ねてきた組織である。現実的なレベルでリスクを下げたり、多少なりともリスクを取りながら進めたりすることには慣れていない。

リスク回避のゲートキーパーとして機能しているため、攻めにつながるような事業開発の助言を期待しないほうがいいだろう。

取り組んだことのない新事業である。できない理由とやらないほうがいい理由をきっと見つけてくれるはずだ。

例えば、事業会社が社外のスタートアップとの協業を画策しているときに、法務部門に契約書の草案を依頼すると、かなりの面倒が予想される。議論ばかりで草案ができあがらないケースが経験上とてもよく起きる。

あるいは草案ができたとしても、既存事業の取引先との契約と同じレベルの、下請け契約のようなものを作成してしまうのだ。

非常に硬直的な要求が多数込められた契約を見た製品開発中のスタートアップは急に怖《お》じ気《け》づき、契約自体が破談になることも珍しくない。少なくとも関係性が一次的に悪くなり、破談とまで至らなかったとしても、関係修復と交渉に多くの無駄な時間をかけることになる。

日本企業は意思決定が遅く、海外のスタートアップから嫌われているという説を耳にすることがあるが、実態はこの内部の調整時間が大半である。

スピードを優先して法務部門に確認しないのはさすがに乱暴だと思うなら、スタートアップとの契約に知見のある外部の弁護士に相談するだけでかなり時間を短縮できる。どうしても社内の法務部門を通す必要があるなら、契約が頓挫するリスクも存在するとあらかじめ伝えておくことで、無駄なやり取りが減るはずだ。

実際のところ、あまりにスタートアップに対する下請け的な扱いが増えたため、特許庁はオープンイノベーションのモデル契約書である「OIモデル契約書」なるものを用意し

ている。(8)

さらに、以下の4箇条を「マナー」としてホームページに公表している。

①ビジョンとゴールのすり合わせは徹底しよう

②リスクヘッジではなくスピード重視で

③「双方の事業価値の総和の最大化」を判断基準にしよう

④困ったときは、「0-モデル契約書にヒントあり」

実は、多くの契約書の雛型《ひな》はインターネットを探せば見つかる。できればまずは法務部門に頼らず、戦略上適切だと思う下書きや骨子を書いてみることをお勧めする。

法務に限らず、採用、人事、会計、購買など、さまざまな用事について本社の間接部門の力を借りたいシチュエーションは必ず出てくる。そのときに取りたいカウンターな方法は、「専門家に丸投げしない」ことだ。下書きや契約骨子を整理し、しっかりと意図を伝えた上で協力を仰がないと、デフォルトの「既存ビジネスの保護」モードで仕事が進んでしまいかねない。

既存ビジネスを保護する責任を持つ部署が保守的になるのは仕方がないことだ。極端な話、同じ企業に所属していても、新規事業が黎明期にあるうちはあらゆる間接部門に足を引っ張られると感じるかもしれない。

だからこそ、ひとつひとつの局面でカウンター行動を意識していきたい。

朝令暮改は必要不可欠

いくらスタートアップは仮説検証が仕事だと頭でわかっていても、実際に朝令暮改な行動を取るのは恥ずかしく感じるものだ。即座に間違いを認め、決めたことを覆すのは精神的な負荷が発生する。だからといって、当初の仮説にこだわりすぎると市場からの学びを生かしきれずに失敗に終わる。

なるべく精神的な負担が少ない方針変更の方法はないだろうか?

有効な方法がひとつある。それは、**試行錯誤という活動を一種の即興だと思う**ことだ。

8 https://www.jpo.go.jp/support/general/open-innovation-portal/index.html

楽譜なしに演奏する即興音楽のように、あまりに具体的な計画を立てずに、とりあえず「やってみる」のだ。特にチームで、「これをやってみよう」というとき計画について丁寧に話をする傾向があるなら、はしょってやるべきことだけを決めて、やりながら考えてみてほしい。英語で言うところの、Just Do Itだ。

不慣れな初めての土地での移動だと思ってもらえばよい。分単位で乗り換えの計画を立てていても、たいていは計画変更を何度も余儀なくされる。

だが、ざっくりと行先だけを定めて進み、即興で対応すると、「計画を変更した」という認識はなくなり、「うまくたどり着けた」という成功体験が得られる。即興であろうと、たどり着けた道のりこそが、求めていた正解だ。

プランBやプランCまで、バックアッププランを考えておくのも同様に有効だ。とにかく、新しい事業成功への道のりは土地勘のない場所で行うという前提で、行き方よりも行先に軸足をおいて進めたい。

意識しないと、「計画は徹底していたほうがいい」「考えられることはすべて手を打っておいたほうがいい」「絶対にうまくいくようにあらゆる想定をしたほうがいい」という価値観で準備しがちなので、特にリーダーはこの価値観をリセットしたい。

理想は、リーダーが「なるべく安く・早く仮説検証できる方法が美しい」という価値観を持ち、チームと共有しておくことだ。この価値観が共有されていれば、試行錯誤が恥ずかしいという感覚もなくなる。

権限移譲はまだ早い：リーダーによるマイクロマネジメントのすすめ

権限移譲という言葉がある。経営者が重要な意思決定に時間を費やせるよう、そして部下が自主的に業務に取り組み、自ら意思決定ができるように促す2つの目的で推奨されている考え方だ。だが、PMF以前の段階で安易に権限移譲することは、悪い結果を招くことがある。その理由を2つ述べよう。

第一に、PMF前のスタートアップは、悠長《ゆうちょう》に部下の育成などと言っている暇がない。なんとかして再現性の高いビジネスモデルを実証しなくては、ただちに打ち切られる可能性があるのだ。極力短期間でチームが効果的に仕事できる状態をつくることを最優先したい。

次に、専門性が高いメンバーを増やしても、特定の新規事業における専門家として成長するまで時間がかかることが挙げられる。いくら他の経験があっても、PSFなどのプロセスを経験してきたリーダーより適切な判断ができるようになるまでは、細かく指示をしていく必要に迫られる。

マイクロマネジメントは「ワンマン」と言われ、毛嫌いされる傾向がある。そのため、多くのリーダーは細かい指示を避けがちだ。だがメンバーが自律的に活躍する理想を抱いてはいても、「任せると危ないな」「任せるのは不安だな」「意見が異なるけれど、彼の意見を尊重しよう」など、内心は違和感を持っているケースも珍しくない。同時に「マイクロマネジメントは悪」という常識を持っていて矛盾した思いに悩む。

スタートアップのリーダーが後悔する声でよく聞くのは、「任せきらなければよかった」「気長に待ちすぎた」というものだ。理由を尋ねると、チーム内の対立を恐れすぎたという反省がある。

誰でも対立は嫌なものだが、完全に避けることも同時に無理である。

そこで、このフェーズにおける対立を和らげる方法がひとつある。それは、**「意見」という言葉をなるべく「仮説」という言葉に置き換える**ようにすることだ。

スタートアップのゴールが再現性の高いビジネスモデルをつくることであるという基本に立ち返れば、仮説を提示した上で、実験・検証を行うマネジメントは、いくら細かくともリーダーが加わってもよいはずだ。権限移譲はＰＭＦ後で問題ない。

ＰＭＦのゴールは売上ではない

新しい製品を頑張って紹介していると、売れた途端に有頂天になってしまうことがある。とりわけ、１人目の顧客を得るのは最高に嬉しいものだ。だが、製品販売は最終ゴールではない。顧客の立場に立てば、買って終わりではないとわかっていただけるだろう。

みなさんは、期待を胸に何かを購入したものの、その製品を使いこなせなかった経験はないだろうか。手に入れた製品の能力を十分に発揮できなかったとき、顧客は自らの能力ではなく製品のせいにする。職人にしか使いこなせない包丁を購入した一般の消費者は、口コミに「高いのに切れ味が悪い」と書く可能性があるのだ。

このように、「(ちゃんと使えば役に立つのかもしれないが)使いにくい製品」は、顧客にとって悪い製品というレッテルが貼られる。

したがって、**顧客が使いこなせるようになるまでは、企業努力を惜しまない**ほうが身のためである。製品の購入後、元来解決したかった課題、つまりジョブが解決されたことを自慢してもらうことをゴールにしたい。

自慢をしてもらうことが理想的なゴールなら、売上を計上することは単なる通過点でしかない。売上を計上したあとのサポートをカスタマーサクセスと呼ぶこともあるように、「顧客の成功」を目指すことが重要である。

しかしながら、せっかく製品を売った顧客に対してさらに時間をかけることは無駄で、コストがかさむと認識する人は珍しくない。いろいろな要望を受けて顧客対応をすることは、コストを圧迫するというのだ。

製品を売ったあと「手離れがいい」状態が理想的だと考えている人は、次の3つの前提がずれている。

① PMF後の製品に対する顧客からの要望と異なり、PMF前の製品に対しての改善要望には素朴な疑問や些細な勘違いが含まれることが多く、売り手企業にとってきわめて有益である。

② PMF以前では、ユニット・エコノミクスの見直しが効く。もし想定以上のサービスが必要なら販売単価を上乗せしてみることが可能だ。PMF前はあくまでも、売

上最大化に向けての実験である。

③カスタマーサクセスには効率化、とりわけデジタル化が可能なことが多い。顧客がつまずくポイントや必要な支援が明確であれば、ふさわしいツールを提供することで効率化を図ることができる。顧客が新しい商品を使ったあと、「良い経験をした」と言ってくれたなら、その後の営業は非常に楽になる。使った人が身近な人に商品を勧めてくれるのだから、ネズミ算的に顧客が増える。

こうした努力の結果、思いもよらないところから売上につながるようなことが増えれば、PMFを達成したと言えるだろう。

PMFを達成すれば、その見返りはとてつもなく大きい。

章のまとめ

- ＰＭＦまでは、ＰＳＦまでに得た知見をフルに活用し、人に任せきりにしない
- ＰＭＦまでのチームは小さく、リーンに専門家に頼りすぎない
- 製品を購入するという顧客の行動変容に何が必要なのかを学ぶ
- 売ることよりも、売ることを通じてＰＭＦのための学習を主眼に置く
- 売上の先、つまり、顧客のジョブ解決、そして口コミしてもらうことを目標にする

コラム5

スタートアップと知財戦略

新規事業において、独自技術、特に特許になるような技術がないと勝負にならないと考えている人は少なくない。

背景には、「特許による参入障壁構築」によって優位性を守ることが不可欠だという考えがある。弁理士や知財弁護士や、製薬、バイオ、素材産業に関わっている方々にこの考え方は強く存在している。

一方で、特許など必要ない、と主張をするグループも存在する。その主張はビジネスモデルの検証、つまり顧客の獲得こそがスタートアップの役割であるというものである。スタートアップとは「再現性と拡張性のあるビジネスモデルを探すためにつくられる一時的な組織」である、という定義に代表される考え方だ。

市場の獲得が新規事業やスタートアップの必要条件だと考え、「特許」にはそこまでの必然性がないのではないかと主張するのは、ソフトウェアや流通、小売などの業界にいる方に多い。

「スタートアップに特許は必要か」という問いに対する一般的な答えはない。しかし、だからといって、すぐに弁理士に相談するのも注意したい。

なぜなら、多くの弁理士は「特許出願の専門家」であり、「戦略立案」や「特許以外の知財」を専門としていないからだ（もちろん、例外もあり、知財戦略を専門にしている弁理士もいるが）。

ここで、知的財産というのは、ひとりひとりの知識やノウハウ、技量などの登録できない知識をも指すことに着目したい。新しい価値を生み出す事業には、必ず、なんらかの新しい知的な財産を（自覚していなかったとしても）保有しているはずなのだ。加えて、事業を成長させるためには、継続的に新たな知的財産を日々獲得していくことになる。

例えば、顧客開発活動を通じて獲得した情報も、立派な知財となる。これらの有形無形の知財を武器に事業を展開していくことを総合的に考えてから、「特許」について考えてみてはどうだろうか。

というのも、知財と聞いて真っ先に思いつく特許には以下の性質があるからである。

・特許を取得するにはコストがかかる
・特許とは技術を公開することである
・特許を維持するのにもコストがかかる
・特許自体には価値がなく、その技術に需要が生まれて初めて価値となる
・特許侵害は発見しにくいものが多い（内部構造やアルゴリズム、製造方法の侵害はすぐにはわからない）
・特許侵害を発見できたとしても、差し止めなどの実効的な手続きは煩雑である
・特許の使用料（ライセンス）を売る場合は、ライセンス自体が「商品」（もしくは商品の一部）になる

「専門家」に相談する前に知財戦略を明確にするため、以下の点を検討しておくとよいだろう。

・そもそも、どんな会社がわざわざ自社のマネをするだろうか？
・マネをするとしたら、自社の成功を見てから参入するのか？　それともすでに参入している会社がマネをするのか？

・自社が他社からマネできることは何か？
・技術以外で他社がマネしたいとすれば何だろうか？
・これからも発展していく技術領域は何だろう？

もし、自社事業として今後も発展させていくような戦略的な技術領域があるなら、特許の出し方だけでなく「営業秘密（トレードシークレット）」として秘匿していくことも考慮したい。社員の出入りも想定し、知的財産を保護し、事業の強みとして活用し続けるという視点は抜けがちなので注意が必要だ。

さらに、競争が国際化しているなか、競争相手がその特許を尊重しないことも充分に起こり得る。特許や法律で守られていたとしても、産業スパイ的なことは過去も現在も行われているのだ。

第6章

出口戦略

――市場と組織をハックする

製品・サービスとその売り方について、再現性がある程度見えてきたら、いよいよゴールである。スタートアップとしての活動は収束し、定常的な事業活動へと移行していく。

この段階は顧客やスポンサーからも後押しがあり、強い流れに身を任せてしまいがちだ。だが、いくつか注意が必要なこともあるので説明していこう。

出口はプロジェクトから提案する

社内新規事業の出口は以下の3つの選択肢から選ぶことになる。

・既存事業の新商品
・新組織設立（新事業部等）
・新会社設立

新規事業が既存事業部に近く、扱いやすいものなら、事業部内のラインナップを増やすかたちで融合していくことになる。そうでないなら、事業部、あるいは会社ごと設立して、組織をつくり上げることになるだろう。

新たな事業部にする場合は、新会社を立ち上げるよりも手間は少ないが、人事制度は刷新することができない。採用も本部に一任されるというデメリットはある。一方で最初から人事部門などの間接部門を活用することができるというメリットがある。

新会社は設立に多くのコストがかかる一方で、リセットして新規事業に最適な組織をつくれるというメリットがある。新会社を設立する選択肢を選ぶと、外部の投資家を呼び込むなど、自由度は最大に考えることができる。一方、外部資本を入れれば、投資を抑えることができるものの、リターンは少なくなる。

つまり、ひとつひとつの選択肢にはメリットもデメリットもある。そのため、バランスを取りつつ、一定のリスクを受け入れながら決定することが必要だ。

何が適切なリスクで、どうバランスを取るのかというのは、新しい事業の内情をよく知らない人や未来のビジョンを共有できていない人に委ねるべきではない。

新規事業側から、事業にとって理想的な組織や資本構成などを提案し、出口へと向かうことが重要だ。

その際、**必要なリソースは提案しなければ獲得できない**と思ったほうがいい。本社側からの応援を待っていても、何も動かない。

というのも、期待の声は大きくとも、会社の最優先事項は既存事業からの売上や利益だからだ。

将来いくら逆転する可能性があったとしても、産声をあげたばかりの新規事業は既存事業と比べればピンとこないし、売上規模も桁違《けた》いだったりする。優先されないとしても仕方がないし、仮に支援の気持ちがあったとしても的外れな可能性もある。ＰＭＦに到達すればアイデア黎明期と比べれば遥かに応援されていると感じるかもしれないが、事業への理解度は既存事業と比べたら大違いなのだ。

自分たちから出口の提案をせず、延々と会社側からの指示を待つスタートアップチームを見かけることがあるが、これは残念だ。社内起業家から事業提案とそれに適した組織の案が提示されることで、はじめて本社側も現実的な対応を検討することができ、意思決定が行える。

PMF〝だけ〟では出口ではない

これまで書いてきたことと矛盾するかもしれないが、PMF〝だけ〟していても、本社側からは一人前の事業だと認められないことが多い。

PMFするほど成功した新規事業というのは、「これからの時代」に適している一方で、「過去から現在地までのビジネス」しか知らない経営層にとっては、何がすごいのかが伝わりにくいからだ。

求められるのは、PMFした事業からさらに大きく成長する戦略だ。

戦略というより、「夢」と言っていいのかもしれない。事業会社内で新規事業を始めるということは、とりもなおさず、既存事業に匹敵する事業を期待しているとも言える。あるいは、既存事業との世代交代のようなイメージを持つ人もいるだろう。ともかく、PMF後は会社内で既存事業と比較される立場となる。

偉大な企業も最初は小さな事業から始まった。任天堂は花札の製造販売から事業をスタートし、トランプへと拡大、さらにさまざまなゲームへと多角化していった。ナイキは、陸上競技用の靴を手掛け、現在ではあらゆるスポーツのあらゆる道具を扱っている。イケアは、当時17歳の創業者カンプラードが始めたペンなどを扱う雑貨店から、いまや世界最大の家具ブランドにまで成長した。

任天堂にしてみれば、創業時からオンラインゲームやキャラクター販売まで手掛けるような想定はなかっただろうし、イケアのカンプラード少年は世界36カ国にまで展開する姿を描いてから起業したわけではないだろう。むしろ、多品目を扱っていたカンプラードはたまたま大ヒットした格安家具に集中した。あまりに人気だったために、家具業界から締め出され、原材料の調達から小売までを行う垂直統合を余儀なくされた歴史がある。

経営者たちはこうした物語が好きだ。意図した成長戦略どおりに進まなかったとしても、大きな夢、成長するという期待、そして成長させるという野心を見出したいのだ。

ＰＭＦ〝だけ〟を考えてきた社内起業家が急に〝その先〟を問われると、とまどうケースも多い。しっかりとした出口戦略を描くためにも、ビジネスの成長に伴う組織の成長戦略についてのイメージも持っておきたい。国内外の拠点数や、組織の規模、社内で持つリソースについての見通しを示していくことで、出口イメージもはっきりするからだ。

既存事業部から流用できるリソースと新たに構築していくべき組織について明確にする

ことで、はじめて出口戦略に合意できる。出口後のビジネスについて、誰がどこで、何を、どのように行うのかという青写真がないままだと、侃侃諤諤《かんかんがくがく》の議論ばかりで貴重なタイミングを逸してしまう。

まれに、ＰＭＦ後に年商1億円規模に成長させたにもかかわらず、「50億以下は事業とは言えない」といった批判を受けることがある。だが、こうした批判を感情的に受け取ってはいけない。

ロードマップの重要性はこれまで述べてきたとおりだが、未来は未来であり、未実現の仮説としてこれまでのようにひとつひとつ検証していくまでだ。比較され、ゼロから1億の事業を生み出した誇りを失う必要はない。政治的なコメントをもらえるほど成長したのだと認識し、次なる成長モードへと切り替えていきたい。

部署名がメンバーの行動を変える

顧客は、製品単体で価値を感じることはまれで、周辺の情報やサービス、付属品や梱包、保証などを含めた総合的な「商品」を受け取り、価値を認めている。

特に新商品において、購入者が学ぶ必要のあることは多く、情報やサポートが重要となる。新しい商品やサービスを購入後、顧客がそれを「使いこなす」支援をするのが、カスタマーサクセスである。

カスタマーサクセス部門は、新規事業にとってカギとなる。商品を市場に普及させる秘訣を「キャズム理論」として提唱したマーケティングの権威、ジェフリー・ムーアも、この点を重視している。

ベストセラーとなったムーアの著書『キャズム』（川又政治訳／2002年　翔泳社刊）には「ホールプロダクト」という概念が紹介されている。つくり手の企業が認識する「プロダクト（製品やサービス）」に対し、「ホールプロダクト」とは、顧客が受け取る総合的な価値を指す。ムーアはプロダクトとホールプロダクトのギャップを見つけることで製品が普及すると説いている。

問題は、顧客から見た「ホールプロダクト」の全容を提供側から知るのは非常に困難だということである。このギャップを理解するには、これまで述べてきたように仮説検証を重ねるほかない。製品の改良やカスタマーサクセス活動などを重ね、PMFに達するころには、ギャップは小さくなっているが、事業ごとに顧客に提供すべき情報やサポートは異なり、カスタマーサクセス活動は再定義が必要になる。

つまり、既存事業に存在する「営業支援」「技術支援」「カスタマーサポート」などの活動は、新規事業に転用できないことが多いのだ。たとえ類似性があっても、既存事業の部門をそのまま動員したり業務内容を流用したりすると、新しい事業にとっては不適切な内容だったり無駄だったり、あるいは過剰だったりする可能性が高い。

このように、新たに事業を成功させるにはメンバーの姿勢も変えていく必要があるのだが、その際に案外役に立つのが部署名だ。

組織の名前は最も単刀直入にその目的を示す手段の1つだと言える。営業のやり方を変えるなら、「プリセールス」や「インサイドセールス」「コンサルティングセールス」などの名称が役立つかもしれない。機動的に企画をしながら事業展開をしたいなら「事業開発」や「ビジネスデベロップメント」などの名前が向いているかもしれない。

社内異動してきたメンバーにとって「カスタマーサクセスに異動した」といった事実は、行動変革の大きなきっかけになりうる。

ちょっとしたことかもしれないが、部署の名前は既存のものを流用せず、新しいビジネスモデルに適合した呼び名をつけることで、よりスムーズな事業立ち上げにつながるだろう。

社内で「ちゃんと」独立する

ほとんどの社内新規事業は、既存事業部と共存・併存できるはずだという認識で始まる。既存部門が評価し、新しい事業を受け入れてくれることを期待しながら活動が行われることも珍しくない。

こうした既存事業部への吸収は、アイデアの発案者が願っていることもあれば、企業の幹部が願っていることもある。純粋に、成長が鈍化している事業部をテコ入れしたいという思いもあるし、体制が整っている事業部を利用したほうが都合がいい、という理由もある。だが理由が何であろうと、何年もかけてできあがった事業部が、そう簡単に変わることは期待できない。

アマゾンのオンライン書籍販売が順調だったとき、ジェフ・ベゾスは電子書籍キンドルの開発を決めた。ベゾスは、既存の書籍事業とは相容れないことを理解し、完全に独立した別のチームを立ち上げることにした。本社から遠く離れた場所で、新しいチームを立ち上げたのだ。

新しいアイデアを受け入れない人を見て、「頭が古い」「立場を守っているだけだ」「環境の変化に気づいていない」と批判することは容易だが、現在の姿は環境に適合しきった姿でもある。市場成長があまり見込めない状態や、業界再編が起きている渦中にある事業部にとっては、新規事業に取り組むべきかどうかなどと問いを立てている暇はない。

どうしたらコストをさらに減らし、存続できるか、業務上の無駄を血眼になって探している人に新たなリスクの要因ともなり得る投資を持ちかけたところで、話は通じにくいのだ。したがって、ＰＭＦを達成したチームは、まずは自らが事業部として独立することを目指すのがいいだろう。徐々に販路を拡大しながら、事業の道筋をつくり、売上を立てていく。一見遠回りだが、この方法にはいくつかメリットがある。

・慣性に抗って人や組織を変えるエネルギーを節約できる
・顧客と事業の成長に集中できる
・売上や利益率といった定量的な指標で分析や比較ができるようになる
・変化に積極的なメンバーを中心に、攻めの経営ができる事業が成長し、形がはっきりすればするほど、多くの人に理解されることになるはずだ。そして、新しい事業への投資と、既存事業への継続投資とが肩を並べて評価されるようになるだろう。

イノベーションや新規事業だけに大きく期待し投資することをやみくもに推奨するのは、一種の精神論である。そもそも既存事業が利益を生んでいなければ、新規事業に投資をする原資などないのだ。外部から資金調達を行わなければMVPをつくったり、顧客開発に取り組んだりすることが不可能になる。

ここまで来たのなら、利益率、利益、成長率、顧客満足度など数々の指標で既存事業を凌駕《りょうが》し、新規事業側への投資を呼び込みたい。

投資家は成功を目利きしているわけではない

事業アイデアによっては、PMF前後に外部の資本を入れて成長させるという考えが適しているものがある。本業とはあまりシナジーが期待できず、それなりに投資が必要な事業アイデアは、会社から切り離し、外部資本を注入することでリターンが期待できる。

ここで、大きな問題が発生する。社内で育てていた新規事業の価値算定である。スタートアップであれば、シードラウンドでバリュエーション（企業価値）がいくら、シリーズAならいくらといった相場があるが、大企業からのスピンオフとなると、横並びに評価できないため相場はない。さらに、スピンオフさせる企業にとってみれば悩ましいジレンマが立ちはだかる。

というのも、外部の投資家からの評価が高くても純粋に喜べないのだ。

まず、バリュエーションが高いと多額の資本を集めるのが非常に困難になる。切り離すような事業に対して、そこまで資金調達に汗をかくことは合理的ではなく、急に活動がトーンダウンすることも珍しくない。また、高いバリュエーションでの出資を約束するような投資家が現れると、社内の評価が急に揺らぎはじめたりする。

投資家が「目利き」し、高い価値を見出したような事業なら、社内に囲っておくほうが得策だという考えが急に生まれるのだ。スピンオフさせることに同意していた幹部が意見を翻したり、投資条件にいちゃもんをつけたり、と一気に減速する。

この背景には、**投資家はスタートアップを「目利き」しているという誤解**がある。

確かに、ベンチャーキャピタル（VC）はすべての案件には投資せず、数多くの中からごく一部に絞って投資を行っている。

選抜を行っているという観点では目利きを行っていることになるが、決して成功確率だけを見ているわけではない。各VCには投資方針があり、事業上のトラクション（販売実績）や技術面などの成果で判断するだけでなく、事業領域やタイミングなど、得意な領域でしか投資を行わないことが多い。

つまり目利き以前に、投資するバリュエーションやシェアなどといったVC内部の方針にマッチしなければ投資は実行されない。

仮に判断の俎上《そじょう》に上ったとしても、VCはしばしば間違える。アメリカのVC投資のうち、半数は損失に終わるという研究もある。(9)

実際、ユニコーンとなりIPOしたAirbnbはわずか150万ドルしかバリュエーションがなかったシードラウンドで、続けさまに7社のVCに拒絶された。

この7社にとっては痛いミスかもしれないが、投資の神様もミスをする。ウォーレン・バフェット本人がグーグルやアマゾンの投資も見送ったと認めているように「投資家」だからといって目利きを行っているとは限らない。

投資家は、それぞれユニークで独自な視点で投資していることが多いが、ひとつ間違いなく言えることは、彼らにとって株式というのは取引対象であり、割安だと感じれば購入するし、割高だと感じれば売る。

要するに、**外部の投資家に株式を買ってほしければ、割安に見せる必要がある**ということになる。

だが、これはきわめて反直感的だ。なぜなら、会社の資源を投じて細々と育ててきた事業を高く売り込みたくなるのが人情であり、本当は10億の価値があるところを、5億で売りますなどと提案する者はいない。どちらかといえば、「すごい技術を開発しました。投資に値しますよね？」とVCに尋ねる。

そうなると、ひととおりの検討をVCは行うが、その姿を見て「投資家に興味を持たれている」と感じた企業は、途端に損な売り出しなのではないかという気がしてくるのだ。

割安で株を手放すことを「もったいない」と感じるような未熟な段階だからこそスピンオフなのである。安売りを行うのがスピンオフ、安く買うのがVCという役割分担を心得ないと、上手に出口にたどり着けない。

投資家の判断を適正価格を決めるための手段だと捉える見方もあるが、買いたいと思ったものに対しては安めに、投資対象ではないものについては高めの査定を行うかもしれな

9 https://www.ben-evans.com/benedictevans/2016/4/28/winning-and-losing

■ VCの評価視点例

需要・マーケット視点	経営能力
○顧客の質・量	○起業家の能力
○需要の成長性	○経営チームの能力
○需要の強さ・必然性	
技術・供給力視点	**適社性**
○製品力・商品力	○投資方針との合致
○保有技術	○既存投資先と競合しないか
○生産能力	
収益性視点	**流動性**
○特許などの参入障壁	○IPOまでの期間・必要資本
○成長戦略・潜在的な市場規模	○M&Aの可能性
○収益力、ユニット・エコノミクス	
	投資収益性
	○投資時の割安感
	○売却時、上場時の想定価格

い。単に投資方針に合わないだけ、ということも充分にあり得る。

おまけに、VCのビジネスは「パレートの法則」(10)に則っている。半数の投資は失敗するが、優秀なVCですら2割の投資先が利益の9割を生むような投資を行っているのだ。(11)そのため、ひとつひとつの判断に対しては間違っている可能性のほうが高い。

スピンオフを行うことが目的なら、スピンオフが成立するような出資を受け入れてくれる投資家を探すのが得策だ。提示された条件によって惑わされたり短絡的になったり左右されないようにしたい。

社内起業家には「自己決定権」で報いる

企業は、起業家精神が旺盛な社員をどのように評価していいかわからない。そして、一般的なキャリアパスに当てはめてしまう。

こうしたことは、立ち上がりつつある新規事業を独立組織にするときに起きやすい。アイデアを発案し、ＰＭＦまで事業を推進してきたリーダーを年齢に合わせて「課長」などといった役職につけ、その上に部長と事業部長という上司を外から連れてくる。自分のアイデアが評価された社内起業家は、そこまで気にしている素振りは見せないが、これは企業にとっても、その新規事業にとってもよいことはない。

上司たちは「コントロール」するために置かれ、事業の「成長を鈍化する」仕事をする。

10　80：20の法則とも言われる。全体の大部分がごく一部の要素で構成されることを発見したイタリアの経済学者の名前を冠した法則。多くの企業において、売上の8割は全顧客の2割が生み出している。

11　https://www.ben-evans.com/benedictevans/2016/4/28/winning-and-losing

事業推進のことだけを考えてきた社内起業家は最初のうちは素直に上司たちの質問に対応し、まめに報告する。報告する側も、要求する側も、悪気があってのことではない。いやいややっていることもあるかもしれないが、たいていは必要で正しい仕事だと思っている。社内起業家はしだいに状況に適応し、徐々に意思決定を上司に委ねるようなことも発生しはじめる。

だが、適応しているからといって、不満がないわけではない。事業は減速、モヤモヤは溜まり、いつか転職ということになる。

社内起業家にどこまでの権限と報酬を与えるのかについては、多くの議論があり、結論は出ていないものの、企業側、社内起業家側双方の論点については以下のとおりである。

・社内起業家は、アイデアを社会に評価してもらうことが大きな動機である
・社内起業家にとって、金銭や役職といった報酬は主目的ではないにせよ望んではいる
・企業の柱となるような事業を起こす従業員には、創業者並みの報酬を与えても問題はない
・従業員のまま新規事業に取り組める安心と、比較的豊富な資源で取り組める環境そ

のものも報酬とみなせる

・給与や会社の看板や資金援助など、事業立ち上げへの投資と支援は実際に企業が行っている活動である

・独立起業し成功したら億万長者になれる可能性もあるが、社内起業ではくらべものにならないような小さな報酬しか得られないなら、新規事業に取り組む人は大きく減る

さまざまな言い分があるが、**多くの社内起業家に不足しているものがある。それは、「自己決定権」**である。

自らアイデアを出し、社会で広げようという気概があるのに、自分の働き方や役職名すら決めることができない。分社化しても社名すら決められず、上司が存在したり、上司を決められなかったりする。部下や採用方針も知らないところで決められてしまう。あるいは、予算は与えられても使い方についてはいっさい自由度がない。

このような状況で新規事業を立ち上げ、成長させるという仕事を任されている人は決して少なくないのだ。社内起業家への報い方を、金銭面だけでなく自己決定権という物差しを含めて検討してみたい。

拡大期こそ市場セグメントを絞る

ここまで一次情報を大切にし、顔が見える顧客ひとりひとりを大切に事業開発に取り組んできたチームも、ＰＭＦ前後で体系的な仕組みが必要となってくる。というのも、途中から加わったメンバーは、創業チームが経験してきたさまざまな仮説検証過程を知らずに事業に貢献することが求められるからだ。

アイデアの発案後、無数の実験や失敗があったはずだ。いくつかの仮説検証とピボットを経てＰＭＦにたどり着くまでの顧客からのフィードバックには、数多くのニュアンスや未検証の可能性も数多く含まれる。それをいったん定型化し、あえて１つの業界や顧客のセグメントに集中するほうが、新しいメンバーにとって取り組みやすい。

創業チームとしては特定のセグメントに集中するのはもったいない気がするのは自然だ。これまでのやり方を新しいメンバーに教えたくなるが、再現性が確認できたＰＭＦ後には、これまでのやり方では粗削りで無駄が多くなってしまう。

チームメンバーが拡大している局面において、セグメント化は特に販売効率を高める。

ある特定のセグメントに集中することで、素早く顧客の課題にキャッチアップできるようになるからだ。同じ製品が売れたとしても、製造業と卸売業では課題が異なり、用語も異なる。顧客の言語体系に追いつき、加入メンバーが戦力になるまでの学習コストを下げるには、市場のセグメンテーションが有効だ。

B2Bなら会社の規模や、業種、部門名と役職のレベル（課長、部長など）は共有し、整理立てて営業活動を行いたい。同じ業種の同じ部門であっても個別対応が必要な部分もあるが、セグメントに特化している状態だと、組織全体で解像度が高まる。

一定の成果を上げれば次のセグメントへと移る。B2Cなら、地域や年代で絞り込んだプロモーションは有効だ。具体的でパンチの利いた営業活動も可能になる。

PMFまで数多くの実験を行ってきたチームにとって、急に体系的に取り組むことが馴染まないケースもある。このセグメンテーションと体系化された営業手法の違和感には2つの要因がある。

1つは、対象顧客が減ることへの抵抗だ。だが、減らすわけではなく順序だてて攻めるのだと認識すれば、チームの賛同も得られやすい。

もう1つは、仕事を分担し効率的に進めることに対して発生する違和感だ。

新規事業に取り組んできたメンバーの多くは、混沌とした事業開発に面白みを感じているケースが多い。大企業の官僚制から離れていただけに、急に体系的なアプローチを取ることに嫌悪感すら抱くかもしれない。

もっとも、セグメンテーションそのものは官僚制とは無関係だ。顧客開発をよりスピードアップし、組織を育てるために行う環境づくりの一環だと認識すればいい。

官僚的であることのマイナスな側面は「例外への対応」である。官僚的な組織では、対象外の仕事を厄介者扱いしてしまうが、仮に定義したセグメント外の顧客が現れたとしてもわざわざ断ることはない。むしろチャンスとばかりに、創業メンバーが対応してはどうだろう。

危ないチームメンバーとは

ＰＭＦを達成し、関係者が増えてくると、残念ながらビジネス以外の悩みごとが増えてくる。新しいメンバーも増え、自然と派閥ができるかもしれない。世代や出身組織によるグループも自然と生じるだろう。組織保全のためにはある程度必要な分断だという考え方もできる。だが、いくつか気をつけたほうがいい分断がある。

1つは、新規事業の成功を望んでいないメンバーの加入である。企業内新規事業の場合、所属先の部署で折り合いが悪く、異動したいがために新規事業プロジェクトに参加するメンバーがいる。元の職場から逃げてきただけのメンバーは、新規事業にアサインされても、その事業を信じていないことがある。小さなチームに否定的で後ろ向きな姿勢を持つメンバーが入ると、一気に士気が低下する。

もう1つは、既存事業の目線からしか新規事業を見ることができないメンバーである。新規事業にアサインされてもなお既存事業の業務にこだわり、仕事の仕方を頑《かたく》なに変えないメンバーが入るかもしれない。常に過去の業務環境や業務プロセスと比較し、批判や文句を言うような行為を続けると、やはり他のメンバーはうんざりする。

新規事業のリーダーは、このような事態を長いあいだ放置しないほうがいい。というのも、**新規事業の成功と、既存事業の保守という対立軸はしだいに強くなる**からだ。

アイデアレベルであれば目くじらを立てない人たちも、PMFし、事業らしくなると社内政治に利用したり、揚げ足を取ったりといった行動を取りはじめる。チーム内に不満分子や、否定的なメンバーがいると、格好の攻撃対象になってしまう。

独立したスタートアップと比較すると、社内新規事業はメンバーを集めやすい反面、新規参加したメンバーのコミットメントについてはマチマチになりがちだ。極力加入前にその覚悟を確認したいところだが、猫の手も借りたい状況だとついつい見極めが甘くなってしまう。さらに、スキルや経験ばかりを見て判断するだけでは不十分であり、同じ目標を共有できるかどうかを見極めることが重要である。メンバーの加入後も、なるべく早いうちに目標を再確認したい。

合意形成が複雑なときの対処法

決断が速いチームと、決断が遅いチームがある。

決めるべき事案の重要性にもよるが、意思決定に関わる中核メンバーの人数や決断までのプロセス、共有している情報や価値観によって、同じようなことでも決めるのが速いチームと遅いチームが出てくる。

社内新規事業やスタートアップは、概して大企業よりも合意形成に必要な時間は短く、トップダウンの意思決定が比較的うまくいく。しかし、PMF前後になると、ステークホルダーが増え、決めるべきことも多岐にわたってくる。さらにスピンアウトしたときの株価や資本比率、経営陣の給料、取締役の構成など、決定までいくつもの視点で検討し、一定期間の話し合いが必要な事案も多い。

そんなとき、痺《しび》れを切らせてつい意思決定を急かしたくなるかもしれないが、焦りは禁物だ。というのも、「意思決定」と「合意形成」には2つの必要条件があるからだ。

1つは、プロセスの合意である。要は「決め方を決めておく」ことである。スタートアップの初期のフェーズは、メンバーも少なく、プロセスを明示的に決めておく必要はない。だが、しだいにリーダーが決めるべきことと各自で決めて実行すべきことが増えてくる。事案のレベルによって「決め方を決めておく」のは、不確実性の高い状況下においての常套《じょうとう》手段でもある。

もう1つの条件は、背景情報の共有である。同じ前提情報をもとに、同じプロセスで考えれば決められる、全員一致するというわけだ。

問題は、背景情報の共有は、言うほど簡単ではないことである。例えば資本構成という問題ひとつ取り上げても、関連する知識や情報は広範囲にわたる。一般的な前提知識に加え、その事業特有の事情も加味すれば、共有すべき情報は膨大となり、現実的にすべてを共有することは難しい。

ここで、医薬品や機能性材料の連続生産装置[12]を開発するiFactory（アイファクトリー）というスタートアップの例を見てみよう。

iFactoryはもともと複数の組織から研究者、技術者が集まるコンソーシアムから生まれたプロジェクトで、国立研究開発法人新エネルギー・産業技術総合開発機構（NEDO）の支援を得て、研究開発だけでなく、その成果の事業化を求められていた。

事業化を進めるためには、非常に多くのステークホルダーとの合意が必要になる。このため、研究開発プロジェクトから事業会社へと活動形態を転換させることがのちに課題となるのは明らかだった。

こうしたプロジェクトを事業化させる従来の考え方は、経済産業省が認可している「技術研究組合」という組織を立ち上げることである。この組織では、成果が出るまで研究開発を進めることを優先し、いったん事業化のための組織化を先送りすることができる。成果が出た段階で、メインの企業が単独で事業化を請け負うか、ジョイント・ベンチャー（JV）方式で、合議制の組織を設立するのが一般的な流れである。

iFactoryが開発していた装置は、複数の企業が保有する技術を統合し、互いに制御することで初めて実現できるという技術的な特徴を持っていた。どこか1社がメインとなるものではなく、プロジェクト終了後に複雑な意思決定が必要となること、事業化までの時間が長期化することが懸念された。同時にステークホルダーの多さから、ＪＶ方式では株式会社設立後も、意思決定を迅速に行うことは困難になると予想された。

そこで事業を推進していた中核メンバーと私たちは、事業化というゴールから逆算した合意形成を行うべく、研究開発プロジェクトと並行して「スタートアップとしての株式会社」を設立することにした。

世の中にまだ存在していない製品・サービスを開発する段階において、ステークホルダーの多くは、事業化後の姿を想像できていない。当然、ゴールイメージが共有できていない状態で組織構造について合意するのは、きわめて難しくなる。

まず取り組んだのは、仮説として事業化した業務のイメージを描くことだった。それから、その状態を実現するために理想的な株主構成や資本金を設定し、いつまでに決める必要があるのかを考えた。複数のステークホルダーの思惑が絡み合うプロジェクトだ。事業化に成功した際に必須とされる社内調整や稟議への対応も重要である。

12 連続生産とは、複数の工程がつながって継続的に生産する方式であり、省力化や品質安定化に適している。対するバッチ方式では、各工程をまとまった量（バッチ）ごと断続的に処理する。

iFactoryのチームは、これに対応するため、前もってバーチャルな役員会の運営と株主間での審議、つまり「組織のプロトタイプ」を運営することにした。同様に、事業化に向けて不可欠な活動である顧客開発や実証実験に早期から着手した。

いわば、事業化した状態を想定し、製品を販売し、事業を展開するために必要な課題や、ステークホルダー各社の役割について予行演習をしながら、イメージを共有しつづけたのである。こうした準備の甲斐《かい》あって、iFactoryは設立時からスタートアップとして、技術だけでなく顧客開発面での活動を行うことができている。

表向きには非常に短時間で合意形成ができたように見えても、前倒しで多くの準備を行っていることは多い。ゴールから逆算したプロトタイピングを行うのは、なにも製品だけでなく、「合意」ということに対しても有効である。

イノベーションの出口

私たちの身の回りにある事業の多くは、過去のイノベーションの結果である。

電球を発明したエジソンは、電力を送り届けるシステムをつくり、会社までつくって普及させた。照明としての白熱電球の役目はLEDに取って代わられたが、電力は私たちがインフラストラクチャーと呼ぶ基本的な生活基盤となっている。

同様に白熱電球は、蛍光灯やLEDが登場するまでは、当たり前の技術としてありがたみを忘れるほどにありふれていた。しかも、各社から似たような、というよりもまったく同一の規格でつくられた電球が製造され、販売されていた。各社は差別化を図るものの、その差はほとんどの消費者にとっては意味がない「コモディティ」だった。

エジソンによるイノベーションである電球と電力——実は、この2つはイノベーションの最終形を表している。

成功したイノベーションは、いずれインフラへと成熟するか、もしくはコモディティとしてありふれる。このことは、新規事業と無関係のように感じるかもしれないが、いくつかのことを示唆している。

・いずれ顧客は当たり前だと感じるようになる（価値の低下）
・安定供給されなくなると大きな社会問題となる（価値が低いわりに、事業者には責任が生じる）

・規格が制定され、標準化される（創造的業務の低下）
・インフラは、独占的立場で比較的長期間の安定した事業を営める（独占・寡占）
・コモディティは、競合は多く、事業運営のコストが低い企業が優位性を保つ（コストが競争優位の中心）

新規事業をここまで推進してきたメンバーにとっては、価値が低下したり、創造的業務が低下したり、コスト勝負になってきたり、受け入れがたいことばかりだろう。

ＰＭＦ後、組織を成長させるときから徐々に見え隠れしはじめる組織の仕組み化や、コスト意識にうんざりするリーダーは少なくない。極端な話、コモディティを生産する企業にとって、研究開発はコストを押し上げる部門で、利益追求の足かせとなる。

さらに、悔しいことに、後追いするほうは研究開発部門のコスト負担が少なく、価格競争に強い。後発企業は、初期の試行錯誤が不要なため製品開発のコストが抑えられ、そのぶん小さい組織を維持することができるからだ。

逆に先行企業は、開発に必要だった大きな部隊を維持し続けるために、価格に転嫁できない開発を行いがちだ。残念ながら、開発組織はいつしかコストセンターになってしまう。

では、コモディティにならず独占的な事業を営むインフラになるには、どうしたらいいのだろう。

この問いには簡単な答えがない。マネされないことだと思うかもしれないが、本当に価値のある解決策なら、誰しもがマネしたくなるはずだ。特許で守っても、社会にとって必要な薬なら、特許が切れたあとに無数の「ゾロ薬（後発医薬品）」がつくられることになる。

電力のように、国有化や、国家の協力を得て規制をかけることで他社の参入を困難にする戦略も考えられる。だが、その規制は自社にも跳ね返ってくるため、諸刃の剣だ。さらに、規制されることでコストが高くなりすぎ、普及を妨げるリスクもある。

一例として、最近のがんの治療薬は、年間1千万円以上の治療費がかかるものも珍しくないが、その高価な治療費ゆえ、治療を受けることのできる人はかなり限定されることになる。結果として、あまり普及せずインフラとは言えない状態に陥る。

一方で、インフラにもなりきれず、コモディティとも言えないイノベーションも実は存在する。

それは、贅沢品に代表されるような、私たちの生活を彩る数々の商品やサービスである。

コロナ禍で打撃を受けた遊園地や旅館などの観光業やエンタメ産業を思い浮かべてほしい。多くの人に価値が認められてはいるが、生活必需品ではない。そして、画一性がなく置き換えができないが、それがなくてもわれわれは生きてはいける。

「生きてはいける」と書いたのは、決してそれが私たちの本望ではないからだ。

確かに贅沢しなくても生きてはいける。未解決のジョブをいくつか抱え、いくつかの不満を持ち続けるだけだ。

しかし、私たちの身の回りを見渡すと、必需品ではないものの、生活に彩りを与えてくれる品物やサービスは決して少なくない。

ビジネスを効率や規模だけで見ていると、生活を彩る贅沢品を見落としてしまうが、ひととおりのことが満たされていればこそ、チャンスはここに存在する。

シャネルを立ち上げたココ・シャネルも「ラグジュアリーとは、必需品が揃うと必要になる必需品」と言っている。

インフラ、コモディティではなく第三の道であるラグジュアリー路線を歩むなら、「値下げをすれば売れるだろう」あるいは「無駄を省こう」といった合理性を事業に持ち込まないほうがいい。贅沢品であるという存在意義を損ねてしまうからだ。事業者側にも余裕が欲しいところだ。

章のまとめ

■スタートアップの出口は再現性の高いビジネスモデルであるが、その形態として事業部や、新会社（スピンオフ・スピンアウト等）なども主体的に設計する

■ＰＭＦだけでなくビジネスモデルを支える組織についても構築する必要がある

■外部の投資家は、目利きとしてではなく戦略面での協力者

■社内起業家には自己決定権の面でも報酬を検討する

■ＰＭＦ後は、業務効率を優先し、顧客ターゲットなどを絞る

■出口付近の合意形成が複雑になるので、早くから着手する

■ＰＭＦ以降はイノベーションらしさが減るのが自然な姿

■イノベーションが成功すると、インフラもしくはコモディティになるが、ラグジュアリーという路線もある

コラム6

ピッチとは異種格闘技戦

起業するとたちまち必要になるのが、ピッチの技術である。

社内起業家であれば、社内で同僚や上司に向けて「企画」「提案」をプレゼンしたり説明したりする機会はこれまでもあったかもしれない。だが、ピッチの場合、社長や役員、あるいは新規事業の審査員といった違う畑の人に向けて行われる点が大きく異なる。起業して初めてのピッチは、投資家に対してかもしれないし、コンテスト会場にいる審査員に対してのものかもしれない。

ピッチとはもともと売り込みのためのセールストークを指す用語だったのが、「スタートアップの投資家に対する売り込み」という意味に転じ、いまやスタートアップ同士が競い合うコンテストの形態としても使われる。

共通しているのは、「スタートアップの売り込み」という点だが、ひとつ忘れてはいけないのが、異なる立場の人を動かす必要があるという点である。

通常のプレゼンテーションは、同じ会社内の共通言語がある人たちに対して行う。学会での発表も、同じ研究者同士という文脈を共有している。

しかし、投資家に行うピッチとなると、事前の共通項はとても少なくなる。社内新規事業のピッチも同様で、聞き手は同じ会社に在籍しているかもしれないが、提案する事業に対して共有できる背景は少ないだろう。

ピッチとは、言ってみれば異種格闘技戦なのだ。

これには通常のプレゼンテーションとは異なる技術がいくつか必要になる。そのなかでも、「ストーリーテリング」は非常に効果的な技となるはずだ。


ストーリーテリングとは文字どおり、「物語を語る」ことだ。これは、人が原始時代から行ってきたコミュニケーションでもある。

文字を発明する前の人類は、物語とジェスチャーだけで「希望」「危険」「妄想」「計画」「友情」「愛」などの抽象的な思いを伝え合っていたという。脳科学的にも、同じ情報なら断続的な情報より、物語として受け取るほうが印象に残り、行動に移しやすいことがわかっている。

ストーリーテリングが特に有効なのは、目に見えない事柄に対して共通理解を得たいときである。不確実性が高く、未来の情報ばかりのスタートアップにとって、コミュニケーションの必要性は、具体性が増し、目に見えるようになってから、あるいはデータが得られてからとは限らない。

ピッチ資料はそういうときに非常に有効となる。まずは次のように10枚のピッチ資料を作成し、仮説検証が進むたび、もしくはピボットするたびに更新するようにしたい。

① **事業概要**：目指す事業の概要を1枚で表現。忙しい人ならここで読み終わる可能性があるため、重要な要素を抽出し、シンプルに伝える
② **機会**：なぜ、今、ビジネスチャンスが生まれているのか
③ **問題**：顧客はどのような人で、どのようなジョブを解決できずに困っているのか
④ **解決策**：顧客のジョブをどうやって解決したいと考えているのか
⑤ **トラクション**：これまでの実績。顧客数の伸び、顧客の声など
⑥ **顧客・市場**：期待できる市場規模や顧客セグメントなど
⑦ **競合**：既存の解決策および、他の解決策よりも優れている点
⑧ **ビジネスモデル**：持続的な事業とするための収益モデルなど
⑨ **チーム**：スタートアップに取り組んでいるメンバー
⑩ **調達資金の使途**：必要な資金やリソースとその用途

この10枚の資料は、初期のスタートアップ、とくにPSFまでの内容を伝える雛型となる。筆者2人が翻訳した『巻き込む力：支援を勝ち取る起業ストーリーのつくり方』（エヴァンベアー、エヴァンルーミス著／2016年　翔泳社刊）に詳しい解説があるので参照するといいだろう。

これら10枚を用意することで、「異種格闘技戦」であっても情報が過不足なく、全体のストーリーが整う。欲を言えば、③の「問題」において、顧客が直面している問題を物語風に語ることができると、説得力がさらに増す。

大企業内のスタートアップにおいても、このテンプレートは効果的だ。既存事業と比較するとデータやファクト（事実）で見劣りするだけに、ストーリーがとても重要な意味を持つのだ。意外かもしれないが、実は④の「解決策」にたどり着く前に、多くの「異種格闘技戦」において勝負が決まっている。

せっかく考え抜いた解決策を説明する前に決着するというのは、どういうことだろうか。

それは、聞き手の関心事がビジネスの「チャンス」あるいは、見過ごされている「問題」にあることが多いからだ。さらに身近でインパクトのある課題設定、つまり「なぜ事業を起こそうとしているのか?」という動機に共感すると、応援したくなることが多い。

特に、ピッチコンテストなどでは、最初の3ページが大きな「つかみ」にもなる。画期的な解決策をいきなり訴求したくなるが、その前に、取り組んでいる課題の規模や切実さなどが伝わる工夫をしてみることをおすすめする。

繰り返すようだが、ピッチは異種格闘技戦で、相手の関心事や理解度、前提知識などはマチマチである。極力シンプルにストーリーにしたがってピッチしたい。

第7章

支援部隊

——新規事業の毒にも薬にもなり得る役割

多くの企業では、新規事業の推進を見守るための支援部隊が設置されている。役割は支援や加速ということになっているが、支援というのは実行よりも難しいということがあまり認識されていない。結果、新規事業プロジェクトの支援どころか足を引っ張っている事態も発生している。

このセクションでは、支援部隊が陥る罠と、カウンターな実践法を伝えることにする。

アイデアだけで評価しない

いろいろな企業と話してアイデアを聞くと、実に多くの「宝」が眠っていることに気づかされる。それは、技術であることもあれば、顧客課題であることもあるし、両方が調和していて立派なビジネスアイデアになっているものもある。

イノベーションを増やそうと画策しているなら、これらの「宝」を掘り起こしたり、磨いたりしてもよいものだが、なかなかそのような活動に力を入れている組織に出会ったことはない。その理由を聞いてみると、どうもアイデアを評価しようとしすぎているのが原因のようだ。

実際にユニコーンとなった企業の多くは、アイデアだけ聞いてもピンとこなかったりすることが多い。「レストランのテイクアウトを、宅配してくれる個人とマッチングする」というアイデアと聞いても、ユニコーンになるとは想像ができないだろう。だが、２０１３年に創業されたDoorDash（ドアダッシュ）[13]は、２０２０年の上場前には１６０億ドル、上場後には一時期７１２億ドルという時価総額にまで成長し、ユニコーンをはるかに超える「デカコーン」となった。

日本ではUber Eats（ウーバーイーツ）のほうが有名だが、本国アメリカでは10年以上も先行し、シェアはウーバーイーツの倍以上である6割を超える。[14]

逆に、１９９０年代にアップルはＮｅｗｔｏｎ（ニュートン）という製品を発表したが、

13 https://www.reuters.com/article/doordash-ipo-shares-idUSKBN28J249
14 https://secondmeasure.com/datapoints/food-delivery-services-grubhub-uber-eats-doordash-postmates/

大きな失敗となった。「手帳サイズの持ち運べるパソコン」という現在のスマートフォンと同じアイデアを実現したＮｅｗｔｏｎは、販売が振るわず採算が取れないまま打ち切りが決まった。

これまで述べてきたように、スタートアップが成功するには、数々の活動を行い、顧客開発を成功させ、製品開発も成功させることが求められる。それを初期の「アイデアだけ」で見極めることはスタートアップ以上に難しく、アイデアとともに起業家チームを評価したうえで、「悪くない」ものをＰＳＦ活動へと進めてみないとわからないことが多い。大きな事業になるかどうかは、ＰＳＦ後のビジネスモデル次第でもある。ＭＶＰを開発し、ＰＭＦするまでの全活動の掛け算が、スタートアップの結果として評価される。

イノベーションをアイデアだけで評価する**「アイデア至上主義」は、まるで料理の味をメニューだけで予想するようなもの**である。シェフの腕前や、技術、各工程の質、盛り付けなども大きな影響がある。食べる人の食欲も非常に大きな要素であることを付け加えておきたい。

サポートなら簡単ということはない

「自分には新規事業のリーダーはできないが、サポートならできる」という人をたまに見かけるが、サポートというのは案外難しい。

新規事業チームを後押しすることのできる有効な支援には大きく分けて4つの種類があるので、まずはどのような支援を行うのかを確認したい。

・活動支援（労働力）
・リソース提供（資本力）
・ノウハウ・助言（戦略・経験）
・応援・励まし（精神的支援）

まずこのなかで一番容易なのは、PSF、PMFに向けて、自らの労働力を提供することだ。これまで提示してきたとおり、スタートアップの仮説検証は泥臭い動きが必要である。つまり、知識や経験も必要だが、実労働も必要不可欠ということだ。このような活動を通してサポートすることには大きな意義がある。

次にスタートアップチームを支援する方法は、リソースを提供することである。リソースというのは、主に資金を指すが、人的資本、つまり人や会社の紹介なども重要な支援である。

活動支援とリソース提供は、新規事業チームから要請があったときに提供されるべきだ。というのも、外野から「誰それに会え」「この予算を使え」などとあれこれ踏み込むのは、実質的には強制のように感じられるからだ。

3つめの助言やノウハウの提供は、タイミングと順序がきわめて重要である。順序については後述するが、若いアイデアならではの助言、PSF中の助言、PMF中の助言など、その時どきに必要な助言というものがある。特にPSF以前のフェーズにおいては、全体の勢いに大きな影響を与えるので、慎重に行うことが求められる。

手元の角度が変わると大きく弾道が変わるように、アイデア初期ほど責任重大である。ビジネスモデルづくりに大きく加担することになるからだ。

案外見過ごされているのが、4つめの精神的なサポートである。社内で誰も成功したことのない新規事業に対し、孤独な活動を強いられる新規事業チームには、大きなプレッシャーがかかっている。社内の「支援者」と呼ばれている人たちは予算配分の権限を持っていることが多く、支援されていると同時に見極められているという視線を感じているものだ。

例えば、**顧客へアプローチするとき、10回に9回は拒絶されたとしても不思議はない。**拒絶されて学ぶのがスタートアップの仕事だとしても、アイデアを否定されるのは、精神的ダメージを受けるものだ。はたからは情熱をもって進めているように見えたとしても、弱気になっていても不思議はない。

アイデアは具現化していない時点では非常に未熟で脆いものであり、これを推進するには励ましも必要となる。

助言者の数は絞る

今は情報があふれていて、さまざまな戦略フレームワークやテクニックや事例が簡単に入手できる。マーケティングや宣伝、商品開発から、技術、組織開発、ビジネスモデルまで、書店に並ぶビジネス書も多岐にわたる。

知識はあればあっただけ成功に近づくが、知識ではカバーできないことのひとつに「経路依存性」というものがある。

経路依存性とは、簡単に言うと「ものごとを為す順序によって結果は変わる」ということだ。具体的には、人を増やしてから開発をするか開発を進めてから人を増やすか、顧客インタビューをしてから製品開発を行うか、プレスリリースが先かテストマーケティングが先か、国内が先か海外展開が先か、といった問いが経路依存性に関わる。

似た言葉に「優先順位」があるが、かなり意味が異なる。

例えば、「マーケティングと開発の優先順位をつける」というのは、どちらも大事で、リソース配分をどうするか、という問いである。

一方の経路依存性がある選択肢の場合は、ひとつの戦略を取った結果、元には戻れず違う景色の中で次の意思決定を行うことを指す。いわゆる「タラレバ」だ。

採用と開発とでジレンマが生じたとき、開発を先に進めると進めた製品の安定化に適した人材を採用したくなる。先に採用を行う決断をすれば、開発メンバーは豊富になり、製品設計が分業を前提とした構造になる。行動の順序が違うことにより、結末が変わってくることが経路依存性である。

社内新規事業は、えてして経路依存性が高い状況に置かれている。取れる行動も少なく、リソースが少ないため同時に複数のことを実行できないからだ。また、わずかな活動で大きく環境を変えることができる点も、経路依存性を大きくしている。

そのような経路依存性の高い社内スタートアップにおいて、アドバイスは多いほうがいいとばかりに、たくさんの視点から「支援」を行おうとすることがあるが、これには弊害しかない。

PMF前のスタートアップは、顧客もいなければ、製品もなく、チームも小さいうえ、アイデアは隙だらけの状態だ。そんな状況下で、「親切な助言者」は不足していることや、やるべきことを指摘する。

ないないづくしのチームにとってみれば、どれも間違った指摘ではなく、もっともな助言だと感じるだろう。しかし、それらのアドバイスは、吸収はできても処理はできない。スタートアップはいわば「アドバイスのフォアグラ」状態に簡単に陥ってしまう。

「アドバイスのフォアグラ」状態にあるリーダーは、山積みになった重要課題に直面し、何から手を付けてよいのかわからず硬直する。

概して新規事業リーダーというのは行動力が高い傾向にあるが、重要な課題をたくさん目の前に置かれたことで、その力を封印された例をたくさん見てきた。

将棋では、一手ずつ指し、一手毎に局面が変わる。同時に飛車と角を動かす余力のある大企業の経験しかないと、経路依存性を考慮した支援の感覚を持ち合わせていない。

直感に反するようだが、**助言者・支援者の数を絞るのがカウンターなアプローチ**である。

審査員こそ学びが必要

スタートアップ・プロセスの各段階で、審査が行われている。フェーズに応じて、アイデアを評価したり、ＰＳＦの状況を評価したりし、仮説検証の継続を審査するのが一般的だ。「事業性」「実現性」「適社性」（その企業の戦略に合致しているか）などといった基準で採点し、一定の得点に達しないと、プロジェクトを終了させるのが審査員の仕事である。

だが、これまで述べてきたように、「事業性」というのは数多くの要素で決まり、ＰＳＦの段階においても不確実性が高いものだ。さらに、顧客のイメージがわかないものなら、事業性は低く感じ、市場も小さいものだと考えてしまう。

地理的に遠い、例えばウルグアイ市場についての提案や、社会的地位の遠い、Z世代向けの事業の提案にはお手上げとなりやすい。

同じように、「実現性」というのも審査員が想像できる範囲でしか評価できない。つまり、これまで社内で行ってきたことや触れてきた事業の範囲内の事案だけが高く評価されることになる。地域差や、顧客の違い、技術範囲の幅などは審査員の教養や知識でカバーできるかもしれないが、審査員にも認知バイアスが存在し、不確実なものを避けたり、流行のアイデアを高く評価しすぎたり、見た目の良い資料や発案者を評価してしまうきらいがあるので注意したい。

認知バイアスを完全に排除し、すべての知識を獲得することは現実的ではない。それでも、人が持つバイアスや無知について認識したうえで、発案者の持っているバイアスや思い込みなどを指摘することならできるだろう。

「イノベーションが成功する」という究極の仮説の根底にある、検証可能な仮説を見極めるのが審査員の役割となる。

座学1：実践99――知識では上達しない

失敗を恐れ、新規事業について徹底的に勉強する人を見かける。数々の手法や事例の知識を身につけることで、初めてのチャレンジに対する不安を取り除こうとしている様子だが、一向に進めようとしない。

こうした**座学中心の学びは、残念ながら非常に遠回りなアプローチ**である。**新規事業開発というのは一種のスキルである。**営業やソフトウェア開発といった他のスキル同様、実践することでしか上達しない。天才的な営業スキルを身につけた人や、天才エンジニアと呼ばれる人たちの中には正式な教育を受けてこなかった人が多数いる。

スキューバダイビングを例に考えてみよう。

すぐにでも海の中を自由自在に泳ぎまわりたいと思い立ち、なるべく早く習得するため、専門家の門を叩くとする。すると、座学で基本的な機材の使い方や危険回避の講習を受けたあとは、プールで実践、次は海で実践というステップをたちまち取ることになるそうだ。

私のように一度も機材を着用したことなく、潜ったことのない人間には、何から何までイメージがわかず、どこから勉強すべきか見当がつかない。機材も複雑で、使い方を間違えれば命に関わりそうだ。だが、ダイバーの友人に聞くと、レッスンは簡単で、やっているうちに身につくものだと口を揃えて言う。

しかし、海に入ると想定外のことにも出くわすらしい。ガイドにしか見えない激しい潮流に身を流されそうになったり、サメに出くわしたり。知識としてこのようなリスクについて知っていても、いざそのシチュエーションに出くわすととまどい、対応が遅れてしまうのだそうだ。

結局、初心者のうちはこういう危険に出会うとベテランガイドに手伝ってもらわないと命も危ういことが生じるという。しかし、ガイド付きで100回ほどダイブすると、一人前としてたいがいのリスクに対処できると言われている。

ダイビングに限らず、あらゆる運動や外国語の習得、芸術など多くのスキルについても言われていることだが、アウトプットの量が圧倒的に効く。

やってみて、それぞれの動作について疑問を持ち、磨いていく。そして改善中において、先人の知恵はきっと役に立つ。誰かがつまずいた点については、便利な道具や考え方、練習方法などの解決策があるものだ。実践しながら知識を身につけ学び続けることは非常に有効である。

新規事業への道は、まったく同じ道を通った先人がいない。したがって、何から何まで知識でカバーしようとしてもそもそも無理がある。スキューバダイビング同様、まずは簡単に道具と仕組みとを頭に入れたら、実践するのが近道だと心得たほうがいい。

ゾンビプロジェクトをつくらない

企業が新規事業に取り組むと、「ゾンビプロジェクト」を生み出してしまうことがある。中断するほどの欠点もないが、大きく育つ気配もないプロジェクトである。

多くの場合、このようなプロジェクトはしぶとく生き延び、2~3年以上、社内で生存している。今さら中断するような悪者に誰もなりたくないし、プロジェクトを潰すほどの新たな情報も出てこないため、長いこと放置されている。

サンクコストという有名な心理的バイアスがあるように、一度投資をしたのだから、ここまで来たのだから、とプロジェクト閉鎖をもったいないと感じ先延ばしにしてしまいがちだ。

膨大な開発投資を行い、やっと運航を始めたフランスの航空機コンコルドは、最初から大きな赤字しか生まないことに目をつむって運営を続けた結果、破綻《はたん》した。

コンコルドほどの大きな投資をしていなかったとしても、**ゾンビプロジェクトの存在自体が一種の損害**である。まず、当然のこととしてリソースの無駄遣いである。そこまで粘り強く生存するような新規事業チームには、優秀なメンバーがいるはずだ。違うプロジェクトに関わることで、大きく成長するきっかけがつかめるかもしれない。

もっとも避けたい損害が、イノベーション活動全体に批判が向けられることである。失敗を避けるがあまり、プロジェクトを延命しゾンビプロジェクト化させることは逆効果になりかねない。ゾンビプロジェクトの存在によって、新規事業への取り組み自体がトラウマになっている企業すらある。

こういう企業では、イノベーションプロジェクトの記憶がなくなるまで、二度と新規事業に取り組むことはない。批判を避けるためだけでなく、既存事業の利益が新規事業への投資となっている以上は、けじめを示し、サンクコストに影響されないようにしたい。

そのためには、複数のプロジェクトを並行して進めることが非常に有効だ。10のプロジェクトから5つを選び、残りの5つを停止・リセットするという判断は、1つしかないプロジェクトを判断するよりはるかにたやすい。

売上や利益を生み出す前のアイデアに対する判断は、定性的な情報に基づいた主観的なものになり、合意形成に苦労するかもしれない。だが、相対評価であれば比較的合意しやすいというメリットもある。

さらに、あらかじめプロセスを合意しておくことは必須だ。目指す新規事業の像、マイルストーンの基準、創出支援するプロジェクト数が定まっているとゾンビプロジェクトを生み出すのを防ぐことができる。

「型(テンプレート)」は創造性を阻害しない

社内新規事業に関わるメンバーは、ほぼ新規事業の未経験者である。さらに言えば、社内にも経験者はほぼいない。そうなると、事業の具体的なイメージを持つことはきわめて困難である。各マイルストーンで何を達成すべきかが抽象的で、目標意識を持ちにくい。

「アンナ・カレーニナの法則」というのをご存じだろうか。ロシアの作家トルストイが

■ アイデアレジュメ

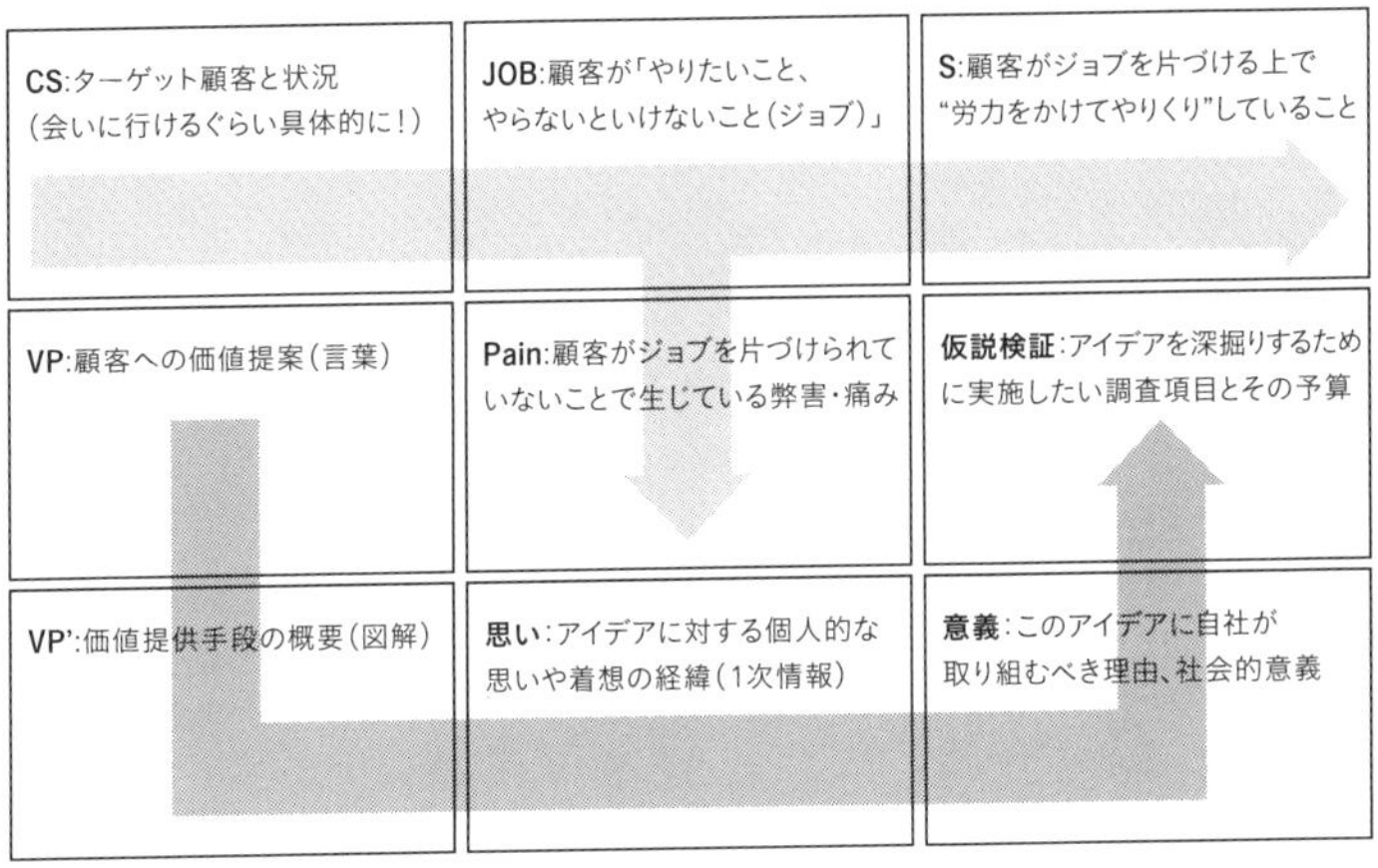
CS:ターゲット顧客と状況
（会いに行けるぐらい具体的に！）
JOB:顧客が「やりたいこと、
やらないといけないこと（ジョブ）」
S:顧客がジョブを片づける上で
“労力をかけてやりくり”していること
VP:顧客への価値提案（言葉）
Pain:顧客がジョブを片づけられていないことで生じている弊害・痛み
仮説検証:アイデアを深掘りするために実施したい調査項目とその予算
VP’:価値提供手段の概要（図解）
思い:アイデアに対する個人的な思いや着想の経緯（1次情報）
意義:このアイデアに自社が取り組むべき理由、社会的意義

「すべての幸せな家庭は似ている。不幸な家庭は、それぞれ異なる理由で不幸である」と書いたように、事業が失敗するかたちは無数にある。一方で、**成功する事業というのは、どれも判を押したように大事なところを押さえていて、共通項は多い。**

つまり、具体的なテンプレートや雛型は非常に有効だと言える。ピッチのテンプレートを示したり、ビジネスアイデアのテンプレートを提供したりすることは創造性を阻害するのではないか？　私たちも以前はそう考えていた。形式を目の前にして発案者の創造性の枠を狭めてしまうのではないかという恐れがあったのだ。

しかし、いくつもの試行錯誤の結果、必要十分なフレームワークと事例は、逆にメンバーの活動量を増やす効果があることがわかった。
例えば、ピッチのテンプレートに「トラクション（販売実績）」というページがあること によって、顧客開発を行うことが前提となり、オフィスを出て顧客に会いに行こうという 活動意欲が高まった。

非常に早期のアイデアについては、239ページの図のような、アイデアレジュメとい う枠組みが有効だ。アイデア創出を阻害しない程度の手間で書くことができる一方で、新 規事業へと一歩踏み出すための必要な要素を網羅するようになっている。

ピッチの雛型や事例も非常に有効である。体裁が整うことで、審査もしやすくなる。レ ベルが明確になるうえ、一定の構造で示されたアイデアを複数見ていると、徐々に審議の ポイントが見えてくるものだ。プレゼンだけが上手なアイデアを採択してしまう企業も多 いが、しゃべり方やレトリックだけでは新規事業の成功は難しい。

事業の構想を訴求し、そこに至る過程を示す社内起業家は投資に値するが、そつのない プレゼンを行った者に投資するのは違う。試行錯誤を重ねるスタートアップフェーズであ っても、いくつかの型があったほうが良い結果が望める。

イノベーションはボトムアップだけでは起きない

社内新規事業を推奨し、従業員にアイデア発案を促して、事業開発を行うよう勧める企業は少なくない。

発案者の自主性を重んじ、トップダウンのしがらみから解放されれば、自由で魅力的な事業案がたくさん出るはずだと期待する人も多いが、現実には、ボトムアップだけではイノベーションどころか、アイデア発案すら難しい。

目指すべきはボトムアップではなく「創発」だ。創発とは文字どおり上からも下からも発することでアイデアが成就する。現場からはアイデアを募集するが、戦略に合致したものを吸い上げ、加速しつつ一定の仕組みにより再現可能にする。

単なるボトムアップだと、出る杭は打たれるという事態になりかねず、優れたアイデアはよくて黙殺、悪ければ派手に潰されることもありうる。

せっかくアイデアを出しても評価されなければ、現場からは冷ややかな目線が向けられるだろう。そうなると、二度と優れたアイデアは現場から上がってこない。やりたいのは、アイデアを吸い上げつつ、戦略的な評価をすることだ。

アイデアが出てから、良し悪しを評価する企業もあるが、発案者にしてみれば「後出しじゃんけん」のような理不尽な印象を与えるかもしれない。そうしたことも消極的な姿勢を生み出す原因になるので注意したい。

社としてどのようなイノベーションを期待しているのか、どのようなプロセスや支援を行っていくのかをオープンにすることが創発を促す秘訣だ。

章のまとめ

- 支援しているつもりが足を引っ張るケースが多いので、支援スキルを高める
- スタートアップの成長には経路依存性があるため、活動の順序も配慮する
- 起業家としてのスキルには一定の実践、経験が不可欠
- 同時に複数のスタートアップを育成することで、選抜がしやすく、ゾンビプロジェクトが生まれるのを予防できる
- アイデアやピッチのテンプレートはスタートアップにとっても支援者にとっても便利
- ボトムアップに期待しすぎず、アイデアを吸い上げて加速する仕組みが創発を生み、イノベーションを起こしやすくする

コラム7

イノベーションのジレンマはいたるところに

大企業と新興企業では、明らかに大企業のほうがリソースは豊富にあり、なにごとにおいても、大企業のほうが有利なはず。なのに、実際に同じようなプロジェクトに取り組むと、大企業のほうが苦戦するのはなぜだろう。

この問いを立てた経営学者、クレイトン・クリステンセンが発見したのが「イノベーションのジレンマ」だ。

ここでは、イノベーションのジレンマの要因としてクリステンセンが挙げた5つの項目を見ていこう。

① 企業は顧客と投資家に資源を依存している
② 小規模な市場では大企業のニーズを解決できない
③ 存在しない市場は分析できない
④ 組織の能力は無能力の決定的要因になる

⑤ 技術の供給は市場の需要と等しいとは限らない

意識的であろうとなかろうと、どれも既存事業のやり方や価値観を守る現象である。

一例を挙げると、大企業内の新規事業は急な活動予算の変動に直面する。決算の数値が悪化しそうな場合、連動するように新規事業の予算が削られる。イノベーション費用を削減することで決算が改善するからだ。直近の決算数値をよく見せようとするのは、投資家への報告上、当たり前のことだ。まさに「企業は顧客と投資家に資源を依存している」状態である。

だが、イノベーションへの取り組みを減らすことは将来の株価にとってプラスにはならない。このことを知っているイノベーティブな企業は、投資家との約束や報告を、戦略的なコミュニケーションによって見直すことを行っている。

新規事業への投資金額を中長期で計画しておき、別法人にイノベーション用の資金を移しておくといった手段も有効なジレンマ対策となる。もう1つの方法は、プロジェクトをスピンアウトさせ、多くの投資家から支援を得ることである。企業内新規事業には1つしか資金源がないのは危なっかしい。

規模が小さいという批判を受けるのも、大企業内の新規事業がよく苦労する点だ。スタートアップの事業規模は、必ずゼロから始まる。どんな売上でもプラスに見える一方、既存事業を持つ大企業からすればどんな新規事業も桁違いに小さく見え、「小規模な市場では自社の成長ニーズを解決できない」ということになってしまう。したがって、新規事業は既存事業と比較しないように極力隔離するのが得策である。

3つめの「存在しない市場は分析できない」は、PSF活動に影響を与える。新規事業が停滞してしまいがちなのは、直感で「市場を分析」しようとしてしまうからだ。これまで見てきたように、PSFではジョブを確認するのであって、存在していない「市場」は見ない。大企業においても、PSFを通常の活動に、「ジョブ」を社内の共通言語にしておくと、ジレンマ予防になる。

「組織の能力は無能力の決定的要因になる」という原則は、何かに特化すれば、他は苦手になるという意味を持つ。F1のレーシングカーは、レースコースに特化しすぎていて、悪路では走れないのと同じだ。

組織が成熟すると、事業に関係のない業務が省かれるようになる。そのほうが、効率的で利益率が高まるからだ。それでも、新規事業プロジェクトを進めていると、チームの成長に驚かされることが珍しくない。効率や利益率で既存事業の能力と比べることなくやはり隔離するのが、この場合も有効だ。

最後に、技術力の高い企業だと、性能を高めることを至上命題に次々と製品開発を行うことがある。そんな会社では、ローテクな事業案が案外チャンスになる。なぜなら、「技術の供給は市場の需要と等しいとは限らない」からだ。

高度な技術を持てあましたり使いこなせなかったりする顧客は一定数存在する。そのような顧客に対し、使いやすく求めやすい製品や、使い方をサポートするサービスには一定のニーズがあるはずだ。ニーズがあるのに、性能を高めることが至上命題のためローテクなアイデアは却下してしまう。そのようなジレンマを減らすには、技術と同じレベルで顧客のジョブを理解するように心がけたい。

スタートアップ・プロセスを行うのは、新規事業を育てるためだと考える人は多い。だが5つの原則を見てみると、資源が豊富にあったとしても、多くの場面で社内新規事業にはブレーキがかかるのがわかるだろう。

スタートアップ・プロセスを既存事業と独立して実行することこそが、ブレーキを外し、ジレンマを避ける効果がある。メンバーひとりひとりの能力を文字どおり解放し、新しい方向に向けたい。

第8章

直感を超える
――起業家マインドをつくる小さな積み重ね

ここまで書いてきたように、新規事業を成功させるには、直感や常識を超えた行動が求められることが多い。だが、現実問題としてすべての活動を意識的に行うように私たちはできていない。息をしたり、歩いたりするように、無意識で行う活動が大半である。

最後の章では、日ごろからイノベーティブになるよう直感を磨き、直感そのものをイノベーション向けに高めるヒントをいくつか紹介したい。

社内起業家や起業家にエリートは少ない

社内起業家や起業家のプロフィールを見てみると、実のところエリートは少ない。厳しい家庭環境で育っていたり、経歴もエリートコースとは無縁だったりするケースを目にする。

社内でも、**花形部門のエースからは新規事業の提案は生まれない**ものだ。エースは既存のビジネスに忙殺されていることが多く、新しいアイデアやアプローチに取り組む時間がなく、そもそも動機がない。なぜなら、わざわざ失敗する可能性のあるアイデアに取り組むことに対し損得勘定が働いてしまうのだ。一方で、新規事業にアサインされて活躍するメンバーには既存事業で〝燻《くすぶ》っている〟人が少なくない。

つまり、既存事業の枠の中では発揮できない力を一部の人間は持っていて、もやもやしたり、十分に貢献できていないことに不満や違和感を持っていたりするのだ。

クレイトン・クリステンセンは同僚らとともに、8年以上もの時間をかけて20人以上の起業家と3000人以上の世界的企業の経営者を研究し、イノベーションは、知性や発想力、ひらめきといった認知的なスキルの違いではなく、課題を発見する「発見力」という〝行動特性〟がカギとなっていることを解明した。

この発見をまとめた『イノベーションのDNA：破壊的イノベータの5つのスキル』（櫻井祐子訳／2012年　翔泳社刊）という著書には、「発見力」を構成するスキルとして、次の5つが紹介されている。

質問力／観察力／ネットワーク力／実験力／関連づける力

「発見力」と対をなすものとして、同書では既存事業の貢献に役立つスキルを「実行力」と呼んでいる。これは、現在の業務を早く、正確に、安定して実行できる力、ある程度ビジネスモデルが固まった環境で、威力を発揮するような能力のことを指す。「実行力」は以下の4つのスキルによって構成されている。

分析力／計画力／詳細運営力／自律力

このクリステンセンの研究の結果から、興味深いことがいくつか見て取れる。

・優れた起業家の着想は、自らの行動から得た一次情報の数に特徴があった
・アイデアの着想は、知能や認知的な違いというよりも、行動の量や質に起因していた
・優れた起業家の発見力は高いが、実行力は高いとは限らない

つまり、『イノベーションのＤＮＡ』というタイトルと矛盾するようだが、後天的に起業家力を高めることができるわけだ。

ところで、新規事業といえば若手が活躍するものだという先入観を持つ人が多いようだが、実際は、むしろ少し熟練した社員が活躍している。

「ハーバード・ビジネスレビュー」によると、成功するスタートアップ創業者の平均年齢は45歳。[15] 55歳をピークにベテランほど成功確率が高いというデータもある。

スティーブ・ジョブズやビル・ゲイツの存在からか、大学生の起業家という印象が強いものの、確かにまわりを見渡してみると30代以降での創業が目立つ。特に、**B2Bビジネスでの新規事業となると、会社での業務経験が何よりも重要**になってくる。

セールスフォースのマーク・ベニオフは35歳で同社を創業した。クラウドコンピューティングやSaaSがいずれ当たり前になるだろうというビジョンを持ったのは、ベニオフが社員数千人もいる会社で業務ソフトのアップデート作業の大変さを痛感していたからだった。グローバルに展開する企業向けのソフトウェアを開発し、販売するには、顧客企業の幹部と渡り歩き、経営層の課題を把握する必要がある。

ベニオフは25歳からVPという役職の幹部を経験しており、35歳にして十分な経験を持っていたと言える。彼の場合は30代だったが、企業幹部として10年の経験を積むとなると、

15 https://hbr.org/2018/07/research-the-average-age-of-a-successful-startup-founder-is-45

40代や50代の起業も決して遅すぎない。

企業が新規事業を探す際、アイデアを探しているようでいて、実は提案者や起業家といった「個人」が重要な要素となっているのはお伝えしたとおりだ。だがこの「個人」というのも、たった1人で決まるわけではない。

アップルといえばスティーブ・ジョブズの功績に大きくスポットが当たるが、もう1人のスティーブであるスティーブ・ウォズニアックがいなければ、同社は同じ軌跡をたどってはいないだろう。それどころか、アップル1ですら完成しなかったのではないだろうか。ジョブズがこだわった美しさや使いやすさよりも、「なんとか動くもの」として完成されたパーソナルコンピューターが初代のアップルの姿だ。

同じように、本田宗一郎には藤沢武夫、盛田昭夫には井深大がいた。彼らのような際立ったコンビでなくとも、チームとして補完し合うメンバーで構成されていると非常に強い。

「知らない」ことは怖くない

新しいチャレンジをしているときは、日々新しい現象に出会う。

新しい事象を目の前にすると、私たちの脳は「怖い」とか「不安」だと感じてしまうのが自然だ。見慣れた犬や猫のような動物については恐怖を感じにくいけれど、はるかに小さい虫や爬虫類に対しては、見たことがないという理由だけで恐怖を感じるものだ。

西洋には黒い食べ物が存在していなかったため、以前、海苔《のり》は「気持ち悪い」と認識されていたそうだ。生魚を食べる習慣もなく、アメリカに渡った初期の寿司職人たちは苦労したという。そこで、彼らは巻きずしに着目し、海苔がもたらす違和感や恐怖を和らげるため、海苔を内側に巻いたカリフォルニア・ロールを開発した。

このカリフォルニア・ロールが普及したことで、海苔や生魚への恐怖がなくなり、今では世界中で日本の寿司が食べられている。

新規事業における「知らない」も、一見怖いことだ。経験もなく、知識もないということは失敗の可能性が大きいと言える。だが、見方を変えると、知らないことを知るだけで、恐怖もなくなるうえに、一歩先んじることができるのだ。

最悪なのは、恐怖のあまり知らないこと、つまり無知から顔をそむけることである。財務がわからない、人事がわからない、研究がわからない、と逃げる前に、ひととおり調べてみてはどうだろう。専門家になる必要はない。「何を知らないのか」を知っているだけで、恐怖心もなくなり、視野が広がる。

知識不足を恥じるリーダーは少なくないが、未踏の地に立っているのだから気にすることはない。

それよりも、恐怖を超えて「知らない」ことに対して変なコンプレックスを持つと致命的だ。業界の知識、技術の知識、事業開発の知識、組織開発の知識、多岐にわたる知識や経験を業務上求められたとき、知ったふりをして適当な考えで行動してしまったり、何もしなかったりする。

「何を知らないのか」を自覚することは仮説検証、そしてイノベーションの第一歩である。

知らないことを素直に「知ろう」とするには、未知や未経験を「恥」ではなくポジティブなこととしてとらえよう。

とにかく目的志向

新規事業を始めると、やることが多くて目の回る思いがする。すべての仕事をやり切れないと思うこともあるだろう。

そんなときこそ、本来の「目的」を思い返してみてほしい。

最近でこそ「パーパス経営」という言葉が流行しているようだが、パーパス（目的や存在意義）を確認するのは、仕事に意義を見出すためだけではない。目的に立ち返ることで、何を行い、何を行わないのか、明確になるからだ。

将棋に例えると、勝利からすべての手を逆算して指す「詰将棋」が目的志向である。勝負が終盤になり、詰将棋になれば、その手順で指してさえいれば確実に勝てる。

だが、実際はそう単純ではない。詰将棋に持ち込むには序盤や中盤で良い手を指し続ける必要があり、強い棋士は、序盤や中盤において、一手ごとに有利な状況に向けるような研究をたゆみなく行っている。研究の中心となるのは、「定跡」と呼ばれる型となる手順だ。どのようなステップを踏めば有利な局面をつくり出すことができるか、一手ずつ有利・不利を検証しながら定跡の研究を行うのだ。

イノベーションも将棋同様、序盤の打ち手については、定跡に従うほうがいい。序盤、中盤こそスタートアップ・プロセスのような手順が役立つ。

具体的には、ひとつひとつの業務の目的を考えながら実行する癖をつけ、常にイノベーションの成功から逆算した行動を意識するのが望ましい。

既存事業で行われている業務は、新規事業においては無駄ということがよくある。新しいことに取り組む時間をつくり出すために、不要なルーチンはできる限り減らし、改めてその作業の目的を考えてみてはどうだろう。しがらみなく最初から効率化し、形式的な仕事を省くチャンスでもある。

当たり前のように聞こえるが、周囲やバイアスに流されずに常に状況判断を行うことが肝要である。

ひらめきの正体を知る

アマゾンの創業者ジェフ・ベゾスは、投資銀行に勤務しているとき、インターネット利用が年率2300%と桁違いであることを知り、インターネット通販会社を起業することを決意した。普通の人なら見逃していたかもしれないこの数字に、特別な意味を感じたからだ。

ふだんからさまざまなものの成長率を常にチェックしていたからこそ、インターネット通販の2300%という数字が驚異的であることを瞬時に判断することができた。

では、この判断力はどのように身につければいいのだろう。

ノーベル経済学賞を受賞した行動経済学者ダニエル・カーネマンによると、人間には「早い思考」(システム1)と「遅い思考」(システム2)の2つの考えるプロセスがあるという。

システム1は日常的に私たちが意識せずに使っている思考プロセスで、エネルギーを使わず、反射的かつ効率的に判断を次々と行うことができる仕組みである。

他方のシステム2は「遅い思考」とも言われており、論理的で定量的。ただし欠点は、「遅い」ことと「疲れる」こと。大量のエネルギーを消費する人間の脳が、システム2を使い続けることは、体力的にも困難だと言われている。

すなわち、大きなチャンスを探そうと常にシステム2で分析し論理的に見きわめるのは、現実的ではないということだ。

たいていの人は、新しいチャンスを前に「分析」を行おうとする。例えば、とあるスタートアップを買収するべきかどうか判断するために、財務、技術、組織、市場など多面的かつそれぞれの詳細を細かく検討することで投資決定を導こうとする。

そしてこの分析は、問題が見つかるまで続く。なぜなら、どれだけ分析しても「他の

（すべての）スタートアップよりも優れた投資である」という結論は導けないからだ。

あらゆるスタートアップを比較分析することは現実的に不可能である。すなわち、ある程度「早い思考」を用いて第一印象の精度を高める必要があるということだ。

その「早い思考」を鍛《きた》える方法は2つある。

1つは「とにかく数をこなす」ということである。ベゾスも、あらゆる製品やサービスの利用率を見ていたから、2300％がどれだけ飛び抜けた数値なのか知ることができた。数字で表せるものだけではない。例えば、筆者2人はそれぞれ年間100人以上の起業家に会い、その後、彼らのたどる経緯なども追いかけている。すると、しだいにスタートアップ起業家に対する「第六感」のようなものが身についてくるのが自分でもなんとなくわかってくる。もちろん100％ではないし、あとから間違いだったと思うものもある。だが、異彩を放つ起業家のさまざまなパターンに触れていくことで、興味を掘り下げたほうがよいスタートアップや、しっかり分析したほうがよいスタートアップを見分ける精度が高まっていることは確かである。

インプットの量がセンスを磨くというのは、「くまもん」のアートディレクションで知られるデザイナーの水野学氏が著書『センスは知識からはじまる』（2014年　朝日新聞出版刊）で書いているとおりである。水野氏は、情報収集する際に、思い込みで数を絞り込むことの危険を説いており、無差別に数多くの情報に触れることが優れたデザインに必要だと書いている。そもそも恣意《しい》的に選んだ一部の情報にしか触れなければ、バイアスを強化する方向にしかセンスを鍛えることができないからだ。スタートアップが製品のデザインで悩んだときも、とにかくジャンルを絞らずいろいろなデザインに触れてみることを私たちは勧めている。

もう1つの鍛え方は「極端な事例に触れる」ということだ。数をこなすついでに、極端な例に出会うことも可能だが、なぜあえて強調するかというと、**私たちはつい「類似したものを比べたくなる傾向」がある**からだ。

例えば、競合企業のウェブサイトばかりを見て、自社のウェブサイトに何を書くのかを考えようとする。効率的な方法に感じられるかもしれない反面、発想の幅は減る。海外のサイト、とりわけ見慣れない言語で記載されたページを見てみると、かえって日本語の優位性や美しさを活用したアピール方法を思いつくかもしれない。

共著者のひとり、津嶋は、学生時代に「鳥人間コンテスト」で予算潤沢な企業を出し抜いて優勝した経験を持つ。人力飛行機の飛行距離を競い合うこの大会は毎年のようにテレビ放映もされ、航空工学の実力を競うように数々の企業や大学から独自の機体が提案されている。

機体設計のなかでも、軽量かつ大きな浮力を生む翼の設計が勝敗を大きく左右する。そこで津嶋のチームは、優れた翼を設計するために、人力飛行機以外にもありとあらゆる「翼」をくまなく調べることにした。優勝後、他のチームから聞いたのは、直近のトレンドとして結果を残していた一部の翼だけを検討していたということだった。

極端に成功した会社や、大失敗した会社の事例も参考になる。なぜなら、極端に成功しているアマゾンやアップルの事例は、私たちが超越しなければならないアイデアの限界を教え、超えさせてくれるからだ。

彼らもまた大失敗と呼ばれるような製品をかつてつくってしまったことがある。アマゾンのFire Phone（ファイアフォン）や、アップルNewton、Google＋といった失敗事例は知っておくといいだろう。こうした極端で大胆なアイデアは、発想の幅を広げる助けになる。

新規事業のような不確実性の高い、複雑なプロジェクトを成功させるために役立つのは「システム思考」である。システム思考というのは、情報や価値など、さまざまな力がどのように影響を及ぼしあっているのかを俯瞰する考え方である。複雑なシステムを単純化して理解する助けになるし、問題を解決する際に、一見遠くて見落としてしまうような部分を直す気づきを与えてくれる。

例えば、ディープラーニングの仕組みを完全に理解しなくても、どのような入力に対して、どのような出力が得られるのかは理解することができる。

犬の写真を100枚と、それらが「犬」であるという情報。猫の写真100枚と、それらが「猫」であるという情報。これらを入力すると、ディープラーニングという「学習」によって「犬」と「猫」の特徴が生成される。さらに学習された特徴を使って、未知の写真を処理すると、犬と猫のどちらに近いかを判別するのがディープラーニングによる推論である。

このディープラーニング技術が登場すると、4章で紹介したMENOU社同様、製造業界の多くの企業が検査用途として使えないか検討した。しかし、数千枚、場合によっては数万枚といった大量の画像を学習させたとしても、求める精度――人間の目視に及ぶ精度には到達できなかった。

画像の枚数を増やせば、学習処理によって抽出される特徴も増えるが、何百枚もの画像を取得し学習させるには、検査で不良品とみなせる製品を多数つくり出す必要が生じる。検査機の開発のために不良品を生産するというのは、本末転倒な無駄だと言える。そのため、多くの企業は「学習」処理そのものを改良することを競った。

システム思考を取り入れたMENOUでは、現実的な画像数でディープラーニングを行うことを目指し、ディープラーニング前後の処理も見直した。画像の質を高めるためのカメラ技術、照明技術、さらには画像処理を工夫することで、検査の精度と、学習の手間を両立することができたのだ。

このように**視野を広げ、全体をシステムと見なすことで、部分最適に陥らずにすむのがシステム思考の利点**である。

システム思考は、なにも技術的な解決にだけ役立つものではない。一例として「サプライチェーン」という言葉は、単に仕入れ部品に着目した品質管理や生産管理では不十分で、さらに源流を遡って管理することの重要性を表している。

既存事業に従事していると、どうしても視野が狭くなりがちなので、システム思考を磨いておきたい。

イノベーションは長丁場

私たちの脳は、短期間で確実に報われることに対してのモチベーションは高く、不確実で長期間にわたることへのモチベーションは低くなるようできている。

テストの前日なら徹夜で一夜漬けできるのも、こうした特性によるものだ。一夜漬けに慣れると、1週間前から勉強することができなくなる。7日も前倒しで始めたとしても、7倍得点が増えるわけでもなく、報酬が7日先になってしまうからだ。

しかし、**イノベーションには時間がかかる**。しかも、序盤はなかなか報われない。そんな不安定な状態にいると、ついつい手応えの感じやすい流れ、つまり既存事業のやり方に、流されてしまう。さらに前述したように、新規事業開発はスキルである、ということは、身につけること自体にも時間がかかるのだ。

リンクトインの創業者リード・ホフマンは「スタートアップとは、崖の上から飛び降りながら、飛行機をつくるようなものだ」と言ったそうだ。飛行機とはよく言ったもので、会社のような複雑なものを手探りでつくるのである。

崖から落ちているという状況で私たちの直感に任せると、必死にパラシュートをつくってしまう。仮に成功しても、本来の目的である飛行機とは大幅に違うものができあがる。

本来の目的を忘れずに取り組むコツはいくつかある。ひとつは、パートナーを早く探すことだ。短期志向で目的を見失いそうになったときに目的を確認し合い、励まし合うことの価値は書き記しがたいほどだ。幸い筆者2人は、共同創業者として最初からゴールを共有することができた。そのため、お互いの精神的な波は吸収しあえるような関係でここまで来られたと言える。

メンターも同じように役立つ。失敗する近道を選ぼうとしたときにたしなめてくれたり、着実だが報われない一歩を褒めてくれたりする相手が見つかると、長い道のりも少しは短く感じる。

余談ながら、楽器を弾ける人は本当に尊敬する。なぜならどんな楽器であれ、最初は苦しい反復練習を乗り越えないと、まともな音が出ないからだ。乗り越えられずに結局諦めた身としては、楽しそうにどんな曲でも弾けるような人は、きっといくつもの壁を乗り越えてきたに違いないと思わされる。

楽器に限らず、多くのスキルを獲得するには一定時間、ほとんど上達せずに練習を続けると、突如レベルが上がるそうだ。そしてしばらくすると、また壁にぶつかり、成長が停滞する。そこでまた工夫しながら違う種類の練習を行い、壁を乗り越える、といった具合にスキルとは段階的に身につくものだ。

長期的に成長していくためには、努力が報われない停滞期が一番しんどい。こうした停滞期を乗り越えるためには、仲間やメンター以外に「知識」「信念」が役立つ。

知識とは、これまで述べてきたスタートアップ・プロセスや、カウンターな行動についての情報である。型や定跡と呼んでもかまわない。さらに、それらの「巨人の肩」を信じるという「信念」も同時に必要だ。

信念と書くと精神論のように聞こえるが、「巨人の肩」とは試行錯誤を経て得られた先人たちの知恵である。

先輩起業家らが、「失敗は必要な鍛錬《たんれん》だ」「ある程度断られるのは必然だ」というのも一種の知恵である。このことを信じていれば、長期的で不確実な取り組みの大きな後押しになる。

成長が停滞しているように感じるときこそ思い出してほしい。

リスクを取ることは危険《リスク》ではない

新規事業やイノベーションにはリスクが伴う。失敗する可能性は高く、不確実性も高い。成功すれば大きな見返りが期待できるものの、その成功確率はわからないし、見返りの大きさもさだかではない。

だが、リスクを取らないと成長しないし、リスクを取らないで得られる成功はたいした成功とは言えない。ノーリスク、ノーリターンなのである。

だからといって、やみくもにリスクは取ったほうがいいという気はない。無謀なチャレンジというものも実際にある。これまで紹介してきた手法の多くは、むしろリスクを下げる方法論である。つまり、賢くリスクと付き合う方法はあるということだ。

リスクにのまれず、賢いリスクの取り方につながる考え方の原則がある。

1つは、リスクとリターンはコインの裏表、表裏一体であるというものだ。当たり前かもしれないが、これをリスクの第一原則としよう。リスクの第二原則は、「リスクは過大評価されやすい」というものだ。

「損失回避」という人間が持つ認知バイアスがある。私たちは、同じ1万円でも、すでに持っている1万円を失うほうが新たに1万円を得るよりも大きな損失だと感じてしまう。

得をすることより損をしないことを強く避けようとする傾向は、私たち人間が持つ生存本能として備わっているのだ。つまり、一般的な人が本能的に感じるリスクでも、一拍置いて冷静に評価・分析すると、そこまで大きなリスクではないと判断できることが少なくない。このようなチャレンジは取り組む人が少なく、結果として非常に有利だと言える。

同じく認知バイアスの1つに「エルズバーグのパラドックス」というものがある。「曖昧さ回避」とも呼ばれる指向性のことで、例えば当選確率が発表されていないけれど有利なくじと、当選確率が公表されているけれど当たりにくいくじとでは、後者のほうを人は好むという性質である。

このように、私たちは情報が少なく、曖昧な事柄について過大なリスクがあると捉えがちなことがわかっている。つまり、**成功確率もはっきりせず、成功したときのリターンもわからないというだけで、イノベーションへの取り組みは忌避されやすい。**

リスクの第三原則は、「一部の人には有利なリスクもある」というものだ。違法行為ではあるが、インサイダー情報を持つ人は持たない人よりも、株で儲けることはたやすい。

もちろん、インサイダー情報が間違っていることも、株価が想定外に上下することもあり得る。だが、企業の業績や、戦略について限られた人しか知り得ないことを知っている人にとっては、同じ銘柄であっても有利な株取引ができることは自明だろう。

インサイダー情報とまでいかなくても、業界についての深い洞察や経験、知識を持つ一部の人にとって、リスクは有利に働く。顧客のジョブや市場や業界の動向について独自の知見があると、スタートアップや新規事業にとって非常に有利に働くのも同じ理由だ。

リスクの第四原則は、「行動しないリスクもある」ということである。

株や投資信託にリスクがあるからといって、タンス預金が最良だとはならない。家が火事で燃えて札束が炭と化すかもしれないのだ。インフレや、国家破綻などのリスクもゼロではない。何も行動しなければリスクがないかといえば、そんなことはなく、何ごとにもリスクは伴う。

第五原則は、「リターンと損失は非対称であることが多い」というものだ。例えば、株に100万円投資すると、最大の損失は100万円だが、最大の利益は無限大である。

実際、アップルの株を上場時に買っていれば千倍以上になっており、これからいくら株価が上がるか下がるかはわからないが、0ドル未満にならないことだけは明らかだ。

大谷翔平がリスクを取らずに、二刀流や大リーグにチャレンジしなかったらどうなっていただろうか？

これら5つの原則から導くことができる結論は「**リスクを取ったチャレンジには期待以上のメリットがある**」というものだ。

リスクを取ったこと自体が新たな選択肢や可能性を開くこともある。たとえ思いどおりにはいかなくても、想像以上の経験が得られるし、チャレンジしただけで世界が変わって見えるはずだ。しかも、取るに値する有利なリスクを取っていれば、そのリスクは想定より遥かに小さく、リターンは無限大なのである。

嫉妬はイノベーションを阻害する

損得勘定は、新規事業を阻害する感情の1つである。なぜなら、**新規事業に取り組むこと自体が、短期的には損な行動**だからだ。

打算的なアプローチではイノベーションは難しい。いや、正確に言えば、非常に長期的、かつ打算的に行動することが、イノベーション成功に必要だ。

根拠はこうだ。

新規事業は失敗するケースが多い。企業内新規事業の統計はないが、スタートアップの生存率を集計すると、シリーズAの調達ができたスタートアップがシリーズBでも調達できる確率は55%、シリーズCでも調達できるのは約3分の1と減る。シリーズAで調達できている国内約1000社のスタートアップのうち、上場できるのは毎年100社前後のみと、厳しい結果が見て取れる。

もちろん、幸いにも上場するほどのスタートアップに関わることができれば得なのは間違いない。起業家は膨大な資産を築き、従業員もストックオプションなどで大きな富を得るだろう。また、新しい産業が生まれることもある。新規事業が生まれるということは、新たな雇用が創出され、新たな取引先を必要とし、金融や不動産、電気水道などのインフラも必需品として用いられる。

成功確率という指標では不利なイノベーションではあるが、一方で、1つのイノベーションによって計算できないほどの価値を創造することができるのである。

リスクを負った者は、成功すれば大きなリターンが得られ、成功しなければ投資した時間とお金だけを失う。リスクを負わなかった者は得もしないし、損もしないというウィンウィンも可能な世界線にいるのだ。

突き詰めると、損得勘定やゼロサムな考え方は、イノベーションとは相性が悪い。どこかのスタートアップが成功することを妬む必要はないし、伸びる市場ならシェア争いすら存在しない。縮みつつあるパイの取り合いの精神でいると、大きく伸びるパイを見逃してしまうおそれがある。もし競合が気になるなら、相手のいいところから学び、切磋琢磨する仲間やライバルと位置づけて考えたらいいだろう。

イノベーションに限らず、妬みから解放されたほうが幸せなのは間違いない。とにかく小さな損や小さな勝負の損得勘定から解放されたほうが、直感は磨かれる。

顧客の前に自ら行動変容する

事業開発の道のりにおいて、いかに顧客に新しい製品やサービスを使ってもらうかという点にフォーカスを当てて話をしてきた。

顧客はそれぞれ解決すべきジョブを抱えており、優れた解決策を提案したとしても、それを採用してもらうための行動変容を手助けしないかぎり、売れてはいかない。

優れた解決策をつくったという思いがあると、つい顧客が受け入れることを当たり前のこととして考えたくなる。だが実際のところ、そうした期待は裏切られることになる。試されるのは、自分たちが行動変容する力だ。こちらがつくる人、相手が使いこなす人というマインドは顧客の採用を阻害することが多い。スタートアップフェーズにおいては、この固定観念は大きな問題となる。

つくり手と買い手の最適な役割分担を探るのがスタートアップの本質であるなら、試行錯誤を重ねるのは、つくり手であり、売り手である。

「つくる」「売る」を超えて、試してみる、やってみる、協業する、啓蒙する、教育する、サポートする、促すといったクリエイティブな行動を起こしてきっかけをつかみたい。

Ａｉｒｂｎｂの創業チームがスタートアップの初期に行ったことは、自分の部屋を貸し、貸し手の部屋に泊まってみるだけではなかった。市内観光を提供してみたり、シリアルを売ったり、部屋の写真をプロカメラマンに撮ってもらったりしたという。アクセラレーターのY Combinatorに採択されたとき、彼らは、プログラマーでエッセイストのポール・グレアムに、「Do things that don't scale（非効率で再現性の低いことをしろ）」と言われたという。

つまり、再現性の高いビジネスモデルを新たにつくり出すためには、あえて非効率なことを自ら行う必要があるというわけだ。金型をつくれば効率的に製品を量産できるが、その金型をつくるにはひとつひとつ丁寧な作業が必要だ。

無数に試したことのなかでも、紹介する部屋の写真の質にこだわることは非常に有効だった。むしろ、他のアイデアは徒労に終わったとも言える。さらに、人が泊まりたくなる部屋の写真について技術を高め、誰よりも知見を持つ先駆者になり得たことが、彼らの成功の秘訣となった。むろん、そのことはＡｉｒｂｎｂがユニコーンになったのちにしか語ることができない。そして、いまやＡｉｒｂｎｂは、時価総額８００億ドル以上の企業となっている。

極端な仮説を恐れない

新しいことを始めたはずなのに、いろいろと骨抜きになって、気づいてみたらさほど革新的ではなかった、という経験はないだろうか。

アイデアは大きいのに、慎重に進めているうちに、小さくまとまりすぎて、結局どこが新しかったのか本人たちも忘れてしまっている活動を見かけることがある。

　現状の延長線上で簡単な検証を行うと、どうしても想定内の結果しか得られない。そして、想定内の結果からは大きな気づきも得られず、いつしか打つ手がなくなる。

　このような事態を避けるには、大胆かつ素早くそのアイデアを実験することを意識したい。

「リーン・スタートアップ」のリーンとは、こぢんまりと小さくという意味ではなく、大胆なアイデアであっても「身軽に《リーン》」実験を重ねることを指している。

　そのためには、**一歩目の踏み出し、つまり最初の実験は大胆に行うことが有効だ**。そうすることによって、二歩目はそれまでとは全く異なる景色の中で踏み出すことになる。

　筆者たちは、新しいアイデアに対し、一番大胆な仮説を最初に検証するようにしている。なにも、勇気があるからではない。むしろ、最大のリスクを最後まで取っておく勇気がないから、最初ほど極端な仮説を立てて検証するのだ。

　一度極端な仮説を口にして検証してみると、あとは微調整や最適化のように感じるだろう。もちろん微調整と呼ぶには大きな仕事が残ってはいるが、気が楽になり、できそうな気がしてくるはずだ。

正常化バイアスに注意する

これまで何度も書いてきたように、新しい事業を起こすのはやさしいことではない。優れた製品、優れたチーム、優れたビジネスモデル、優れたリーダー、優れたパートナー、優れた市場。あらゆる要素が揃って、はじめて優れたビジネスになる。

きわめて単純化した思考実験として、これら6つの要素すべての点で平均点以上を取ると、0・5（製品）×0・5（チーム）×0・5（ビジネスモデル）×0・5（リーダー）×0・5（パートナー）×0・5（市場）と、0・015……となり、たちまちトップ1・5％の経営者になれるというわけだ。より身近に喩えるなら、顧客のジョブを新たに解決してPMFにたどり着くことができれば、まるで100人に1人の秀才である。

では、うまくいかないときはどうなっているかというと、平均を下回り大きく足を引っ張る要素があるときである。

ほとんどのスタートアップは、技術もしくは営業力への自信から始まる。これらの「得意科目」については、きっとゆうに平均点を超えているのだろう。それでも、結果が伴わないというのは、「苦手科目」が致命的だったりすることが多い。しかも、苦手なだけに何が問題なのかもつかめず放置されがちだ。

　これらの問題や弱点に対し、成長するにつれてしだいに解決されるのではないかと希望的観測を抱く経営者も少なくないが、残念ながら逆の結果になる。

「苦手科目」は平均レベルに持っていければよいのだ。奇をてらうことなく、当たり前のことを行うだけで優れた事業をつくることができる。製品力が高ければこそ、営業力やファイナンスなどを当たり前にやりたい。営業力に自信があるなら、せめて平均的な製品をつくるという発想が大事である。

　われわれの脳には、問題が発生したとき、「これはたいしたことない」と思いがちな正常化バイアスと呼ばれるズレがある。簡単に言えば、様子を見る、という反応を取るのだ。だが、**小規模な事業のときに露呈するような問題点は、事業が拡大すればよりひずみが大きくなり、致命傷になる**かもしれない。

　筆者2人が新規事業やスタートアップに遅かれ早かれ発生する問題をほぼ確実に予見できるのは（もちろん予見できない問題も多く発生するが）、さまざまな問題を兆しの状態から経験しているからだ。そして、その兆しが自然治癒した経験はほぼない。

供給不足を恐れない

「嬉しい悲鳴」という言葉がある。需要が大きくなり、供給力が逼迫《ひっぱく》した忙しさを指す言い回しだ。多くの顧客に求められる嬉しさと、一所懸命その期待に応えようと現場が慌ただしく動いている状態を上手に表現していると言えるだろう。

英語では、"A good problem to have"というように、需要過多というのは問題の一種であることに違いはないが、「良い問題《グッド・プロブレム》」なのだ。

買いたいものが手元に届かないのは顧客にとって問題ではあるものの、冷静になって考えれば、契約した納期を過ぎていたり、代替品を買われてしまったりさえしなければ、大きな問題ではない。

納期を過ぎていた場合はそもそもの納期回答に問題がなかったか検証が必要だ。納品遅れによって代替品を買われてしまうようなら、問題は供給不足ではなく、差別化できていない商品力であると考えるべきだろう。

テスラを見てほしい。常に顧客を待たせており、1年以上納車を待つ顧客も少なくない。「お客さんが増えすぎたら対応できないから」という理由でアイデアに制限をかけてしまっている人をよく見かけるが、それではあまりにもったいない。

大量生産と安定生産のパラダイムにおいては、常に需要と供給が最適にマッチしている状態が理想だが、**イノベーションの世界では、希少価値をも生み出す大チャンスだ。**

嬉しい悲鳴なら何度でも叫びたい。

「勇気」を過小評価しない

直感を磨くためのコツが目的志向だとすれば、直感を活用するのは勇気である。

従来のやり方を変えて、カウンターな方針を取るには勇気が必要だ。変える勇気や、少数派になる勇気、あるいは実績のないことを試す勇気である。

企業や大学、あるいは研究機関に行くと、新規事業を起こしたい、新しいことをやりたい、イノベーションを起こしたいと言って新規事業に取り組んでいる人たちと出会うことがある。イノベーションを目指す意志を持つのは素晴らしく、価値あることに間違いない。そして閉塞感のある組織に所属していてもなおイノベーションへの意志を持つ人がいると、救われたような気もしてくる。

だが、意志だけでは不十分だ。

勇気を持って行動している人も少なからず存在する。彼らはあまり目立たない存在であり、周囲から変わった人だと見なされ、過小評価されがちだ。彼らの勇気は、非常に貴重で希少価値があると思ったほうがいいだろう。

勇気ある行動者は、貴重な資源のように探し当て、掘り起こすことが必要だ。

日本にはイノベーションが足りない、あるいは我が社にはイノベーションが足りない、と感じるなら、目立たないが行動を起こす人を信じてみてはどうだろう。

イノベーションが共通言語になった今だからこそ、勇気を大切にしたい。

簡単なチャレンジではないが、せっかくの尊い機会、少しでも成功確率を高められるように願っている。

章のまとめ

■ 認知バイアスはイノベーションを阻む方向に働くことが多い
■ 目的に適しているかどうか、あらゆることを見直す習慣を身につける
■「無知の知」は、直感力を高めるきっかけになる
■ 未経験なことは数をこなすことで急速に上達する
■ システム思考はイノベーティブな問題解決に有効である
■ 顧客の行動変容を促すには、提供側の行動を変えることが求められることが多い
■ 大事なのは行動。意志を過大評価せず、勇気を過小評価しない

コラム8

イノベーションは誰のためにある？

つくり手や使い手、そして企業と、イノベーションには多くの人が関わり、そして多くの人に影響を与える。なかには負の側面もある。

書店や図書館で入手しにくい書籍をアマゾンが世界中から入手可能にした反面、小さな個人書店の多くは存続できず、仕方なく廃業している。

書店に限らずインターネット通販というイノベーションによって、多くの企業が苦しい事業環境に見舞われており、廃業や失業などの混乱をもたらしている。

米国では、アマゾンによって「破壊」された商店やショッピングモールが相次いでおり、2025年には約25％が閉鎖されるのではないかという調査結果もある。[16] ＣｈａｔＧＰＴの登場によって、ＡＩが多くの仕事を奪うのではないかといった懸念もその一種と言える

16 https://www.cnbc.com/2020/08/27/25percent-of-us-malls-are-set-to-shut-within-5-years-what-comes-next.html

だろう。

「破壊的イノベーション」という言葉のもとになっている英語Disruptive（ディスラプティブ）は、日本語に訳すと「混乱を生じる」というニュアンスに近い。ある意味イノベーションは安定を脅かすものであると言える。

しかし、だからといって、混乱を生むためにイノベーションがあるのではない。

イノベーションとは、それまで「不遇」な環境に置かれた人にとって重要な選択肢となり得るからだ。アマゾンは、読みたい本が手に入らない人にとって非常に便利な選択肢となっているし、外出がままならず不自由な人にとっては福音となっていることだろう。

同様に、スマートフォンはパソコン操作ができない人もインターネットにアクセスできる手段を提供している。そもそもインターネットは、アクセスが困難だった世界の情報を求めやすくした技術だ。

「回転ずし」というシステムは、行きつけの店があるお金持ちでなくても気軽にお寿司が食べられるようになった偉大なイノベーションだし、料理のレパートリーが少ない人には、動画レシピアプリは新たな選択肢である。あるいは、カメラの知識がなくても、格好いい写真を撮りたいと願っていた人たちにとって、インスタグラムは救いの選択肢となった。

このように、人が置かれた環境の違いによってできないことがあるとき、その解決策となるのがイノベーションである。

個人だけでなく、企業の「不遇」解消でもかまわない。専門のIT部門を持てない企業にとって、多くのクラウドサービスは救いの手となった。税理士を雇うお金がない小さな事業者にとって、会計ソフトは重要な選択肢となる。言い換えるなら、イノベーションを成功させるには、不遇な環境に置かれた人に着目することが求められる。

不調を感じたとき、いったいどの診療科にかかればいいのか、どのくらい緊急度が高いのか、専門知識を持たないわれわれにとって適切な判断をするのは至難の業である。

その点、ヘルスケアスタートアップのUbie（ユビー）が提供するアプリは、簡単な質問に答えるだけで、AIが対処法を指南してくれるイノベーティブな製品だ。Ubie社のエンジニアやデザイナーは、医師や医療従事者からの視点ではなく、医療の知識を持たない生活者視点で、使いやすく、わかりやすい情報提供を追求している。不調を感じている側の立場に立てば、情報が正確であることは当然のこととして、使いやすくなければ有力な選択肢にならないからだ。

イノベーションがデザインやダイバーシティと切っても切れない関係にあるのはこうし

た理由だ。不遇な環境に置かれた人の多くはマイノリティであり、不遇な人へ寄り添うのは製品のデザインであることが多い。

現代の日本人が置かれている環境は、実はイノベーションの宝庫なのではないかと考えられる。高度成長期につくられた社会システムの中で閉塞感を感じている人も、そういう意味では不遇と言えるからだ。つねに無駄なく効率的に働くことが前提になっていたり、極限まで効率化し、休暇やミスに不寛容になっていたりする職場の話をよく耳にする。このような職場も、ある意味「不遇な」環境を提供していると言える。

仮に不遇を実感しない恵まれた環境に暮らしているとしても、できる限り多くの選択肢から自分なりの生き方を選びたいと、誰しもが願うのではないだろうか。あるいは、不遇な人がいれば力になりたいという願望を多くの人が抱くのではないか——そう信じたい。

イノベーションの目的は、混乱でも破壊でもない。決して経済成長や科学技術のための小難しい理論ではなく、人生を豊かにするための選択肢を増やすチャレンジなのだ。

おわりに

私たちはこれからどこに向かうのだろうか？　自分はどうなるのだろうか？
首都圏で生活をしていると、そんな疑問に心を奪われながら、日々過ごしている日本人が増えているように感じる。

しかし、この問いはそもそも間違っている。どこに向かうかを決めるのはわれわれだと、そしてそれを行動によって現実にするのも私たち自身なのだと、人生の折り返し地点を迎えるなかで、ようやく自信を持って言えるようになった。

筆者2人は、戦後の高度成長期の後半、つまり踊り場を迎えるころと、その後に生まれた。幼少期は、強い経済が生みだした社会的な高揚が、未来永劫続くという錯覚があったような気がする。

津嶋は、岡山の兼業農家に生まれた。地方では、高度成長期も、その終焉もテレビの世界でしか触れることができない。まるでリアリティを感じられないドラマのような存在だった。そして、経済が再び盛り上がったバブルが突如弾けたときは、まだ中学生だった。

当時父親と、「父さん、バブル経済ってなに？　何があったの？」「なんか壊れやすいからバブルって言うらしいけど、何があったかは、わしゃ〜ようわからんわ」という会話を交わしたことを鮮明に覚えている。

しかしその父親も本人の自覚なく、実際は、毎晩のように街に繰り出して飲み食いするという典型的なバブル時代のサラリーマンだったのである。一会社員にとって、そういう毎日が普通であり、いつまでも続くと思っていたと、本人は古き良き時代の昔話のように語った。そんな話を初めて聞いたのは、父が約45年勤め上げた地元企業を退職して間もないときだ。

津田は、東京の郊外に生まれた。当時の記憶で残っているのは、サラリーマンだった父親を毎朝アパートから見送ったあと、母親と近くの神社で手を合わせるのが日課だったことくらいだ。大人になってから生家を見に行ったことがあるが、大学生の一人暮らしでも狭いほどの部屋がいくつか並んでいるようなアパートだった。にもかかわらず、近所は同じような専業主婦とサラリーマン、子供が数人という家庭ばかりだった。

その後、父親はアメリカの自動車産業に日本の部品を売り込むために転勤し、家族そろってついていくことになった。1ドル300円の時代。1970年代のアメリカには日本車は1台もなく、日本人もほとんど住んでおらず、決して恵まれた環境ではなかったが、今にすると、なんとか適応しようと奮闘していたのだと思う。帰国するころには、付近に日本企業は増え、日本食レストランさえ目立つほど建っていたのが印象的だった。

就職したころには1ドル150円を超えていたが、まさに社会人となったその年にバブルが弾けた。

高度経済成長やバブル時代の会社員が経験した熱狂や興奮を、私たちは知らない。テレビや親の背中、そして外国にある日本語の量でしか、感じることができなかったのだ。

一方で、バブル後に訪れた鈍重な雰囲気や、バブル経済がまるでトラウマとなったような雰囲気は、一社会人として強烈に感じながら生きてきた。

しかし、多くの先輩たちの話を聞くと、高度成長期やバブル期の経験について否定的な意見を言う人はきわめてまれだった。これには違和感を覚えた。高度成長期は、戦後の廃墟から復興した必然で、バブルは、空虚で物質的な見かけだけの成長だと教科書では教わったのに、である。諸先輩方の話を聞けば聞くほど、その時代を経験できなかったことを不運に思ったことすらある。

当時の会社員の労働環境は、今でいう典型的なブラック企業であり、ハラスメントまがいのことが日常的にあったのは公然の事実である。しかも現在の生活水準と比べると、決して裕福だとは言えない。

だがそこには、昨日より今日、今年より来年という、少しずつでも前進している、成長している実感があったに違いない。自分の日々の活動が、小さいながらも、組織の力になっているという実感があったはずだ。そしてその苦しい日々に報いるに十分な報酬（給与だけに限らない社会的インセンティブ）があったことが想像できる。

では、彼ら世代はその後、論功行賞として手に入れた地位に就いたあとも、若いころのようにワクワクしていただろうか。

残念ながら、そのような話を聞く機会もほぼ皆無だった。

では、バブル崩壊後にベンチャーやスタートアップとして生まれた新しい会社の経営者や従業員はどうだろうか。

ＩＴ産業においては、その新しい可能性にワクワクし、たまたま所属した若手会社員ですら刺激を受け、当たり前のように飛び出して新たに会社を興すというムーブメントを生み出すこととなった。スタートアップに限らず、研究開発に没頭する研究者やそれを支える研究機関、大学でも同様だ。時代に求められる研究を行っていたり、科学的な発見によって大きく成長した研究領域にいたりする者は、みな注目されるだけでなく、生き生きとしていた。

そう考えると、私たち人間はそもそも〝成長の中にいること〟が好きなのだと言えないだろうか。そうした成長、あるいは熱狂のなかでなんらかの貢献ができれば、地位・名誉・金などといった果実を手に入れられることを、本能的にわかっているのではないだろうか。

私たちは、ワクワクするために成長を必要としている。これは、企業や国にとってイノベーションが不可欠であるのとは別の理由で、人として必要なこと、私たちひとりひとりに不可欠ということだ。

だとすると、そういった「成長環境」に身をおけるかどうかを、たまたまその時代に生まれた、その国に生まれた、その会社に就職したという運任せにしてしまっていいものだろうか。

クリステンセンの発見したイノベーションのジレンマを踏まえて戦略的にマネジメントされているように思える事業や産業ですら、栄枯盛衰のサイクルという流れに抗うことができていないのはなぜなのか。

今なお世界各地で大小多くの経済のバブルが発生しているのはなぜか。

なぜわれわれは頭ではわかっていることを現実世界で回避することができないのだろうか。

そうした問いに対し、ひとつの解をクリステンセンは指摘している。

それは、「一般的に正しいと言われている経営戦略を遂行することで生じる現象」だからだ。

人気に推される商品は価値が上がり、価値が上がることで人気に拍車がかかるというメカニズムは、インターネットの普及によって加速している。誰もが「常識的」な行動を取ればとるほど、バブルが発生し、弾けるサイクルが短くなることが予想される。

こうした栄枯盛衰のサイクルは、抗うことができない宇宙の法則のように思われるが、人々や組織が生み出した人工的な常識、そして、それらが根付いた「直感」の産物であると考えるほうが理にかなっている。そのサイクルから抜けだしたいと考えるならば、これまでとは異なる考え方が必要になってくる。

要するに、ビジネスの「直感」が役に立つ領域と「直感」が役に立たない領域を見極めて、流されない行動である。これはとりもなおさず、ここまで述べてきたスタートアップにおける実践解としての「カウンター行動」である。

私たちは、さまざまな現場で発生する課題に向き合い続けるなかで、人の本能の領域にイノベーションを阻害する要因を見つけ、解決策のヒントを見つけるに至った。

本書を、新しい成長環境を生み出すためのイノベーションへの実践解（科学というより工学、知識ではなく技能）としてお読みいただけたなら幸甚である。

そしていつか、イノベーション自体が常識と化し、次の課題に取り組める時代が来ることを願っている。

[著者紹介]

津田真吾(Shingo Tsuda)

INDEE Japan代表取締役 テクニカルディレクター。早稲田大学理工学部卒。日本IBMでハードディスクの研究開発に携わり、パソコン黎明期をエンジニアとして過ごす。コンサルティング会社の幹部を務めた後、2011年にINDEE Japanを共同創業。ハーバード・ビジネス・スクール教授のクレイトン・クリステンセンが営むイノサイト社と提携し、事業会社向けのイノベーションコンサルティングの他に、スタートアップへの投資・支援を行う。クリステンセン他著『ジョブ理論 イノベーションを予測可能にする消費のメカニズム』『イノベーションの経済学「繁栄のパラドクス」に学ぶ巨大市場の創り方』(共にハーパーコリンズ・ジャパン)の日本語版解説を手がけた他、著書に『「ジョブ理論」完全理解読本』、訳書にベアー&ルーミス『巻き込む力:支援を勝ち取る起業ストーリーのつくり方』(共に翔泳社)がある。

津嶋辰郎(Tatsuro Tsushima)

INDEE Japan代表取締役 マネージングディレクター。大阪府立大学航空宇宙工学専攻修士。小学校時代に少年剣士として日本一を達成。大学時には人力飛行機チームを創設し、鳥人間コンテストでは2度の優勝と日本記録樹立を果たす。その後、レーシングカーコンストラクターである童夢に参画し、空力デザイナーとしてシリーズチャンピオンを獲得。半導体製造装置ベンチャーのスタートアップメンバーとして事業立ち上げを先導の後、iTiDコンサルティングに入社。2011年にINDEE Japanを共同創業する。国内大手企業における新事業の立ち上げ支援、およびシードアクセラレーターとしてディープテックスタートアップへの投資および投資先の取締役を務める。現在は剣道も再開するとともに国内外のIRONMANにチャレンジしている。

イノベーションのための超《ちよう》・直感力《ちよつかんりよく》

2024年6月21日発行　第1刷

著　　者　津田真吾、津嶋辰郎
発 行 人　鈴木幸辰
発 行 所　株式会社ハーパーコリンズ・ジャパン
東京都千代田区大手町1-5-1
電話　04-2951-2000（注文）
0570-008091（読者サービス係）
ブックデザイン　沢田幸平（happeace）

印刷・製本　中央精版印刷株式会社

ISBN978-4-596-63897-7